Schleichende Islamisierung?

AF828335

Europäische Hochschulschriften

European University Studies

Publications Universitaires Européennes

Reihe XXIII **Theologie**

Series XXIII Theology

Série XXIII Théologie

Band/Volume **949**

Michael Többens

Schleichende Islamisierung?

Religionsfreiheit versus Religionsausübungsfreiheit in Europa

PL ACADEMIC RESEARCH

Bibliografische Information der Deutschen Nationalbibliothek
Die Deutsche Nationalbibliothek verzeichnet diese Publikation in der Deutschen Nationalbibliografie; detaillierte bibliografische Daten sind im Internet über http://dnb.d-nb.de abrufbar.

Zugl.: Hannover Univ., Diss., 2014

D 89
ISSN 0721-3409
ISBN 978-3-631-66282-3 (Print)
E-ISBN 978-3-653-05448-4 (E-Book)
DOI 10.3726/978-3-653-05448-4

© Peter Lang GmbH
Internationaler Verlag der Wissenschaften
Frankfurt am Main 2015
Alle Rechte vorbehalten.
PL Academic Research ist ein Imprint der Peter Lang GmbH.
Peter Lang – Frankfurt am Main · Bern · Bruxelles · New York · Oxford · Warszawa · Wien

Das Werk einschließlich aller seiner Teile ist urheberrechtlich geschützt. Jede Verwertung außerhalb der engen Grenzen des Urheberrechtsgesetzes ist ohne Zustimmung des Verlages unzulässig und strafbar. Das gilt insbesondere für Vervielfältigungen, Übersetzungen, Mikroverfilmungen und die Einspeicherung und Verarbeitung in elektronischen Systemen.

Diese Publikation wurde begutachtet.

www.peterlang.com

Es gilt Dank zu sagen all jenen, die mich in dieser Zeit mit Rat und ihrem Wissen unterstützt haben. Mein besonderer Dank gilt hier Frau Christa Deckwirth für ihre Übersetzung der französischen Texte, meiner kolumbianischen Gasttochter Maria-Claudia Ponce-Maya für ihre Unterstützung beim Lesen der spanischen Texte. Nicht vergessen darf ich aber meine Freunde Norbert Sprenger† und Jens Deckwirth, die mit untrüglicher Sicherheit auch noch den letzten fehlenden Punkt oder das fehlende Komma fanden. Ebenso danke ich meinem Freund Dietrich Bellersen, der mich überhaupt erst ermutigt hat, dieses Studium aufzunehmen. Insbesondere aber gilt mein Dank meinem verehrten Lehrer, Herrn Prof. Dr. Dr. Peter Antes, der mir auch noch per E-Mail Hinweise auf Quellen gab, immer mit Rat zur Verfügung stand und mir dabei in den Gesprächen stets den Eindruck vermittelte, ein Gesprächspartner auf Augenhöhe zu sein.

Gewidmet meiner Frau Anni, die mich in Liebe und Geduld unterstützt, mir die Zeit gegeben und meine Launen ertragen hat.

Vorwort

Schon im Vorfeld meiner Pensionierung, im September 2005, stand für mich fest, dass ich ein Studium aufnehmen würde. Durch mehrere Auslandseinsätze als Offizier der Bundeswehr hatte ich intensiven Kontakt mit anderen Kulturen und Wertvorstellungen. Mein ursprünglicher Wunsch das Studium der Islamwissenschaft zu beginnen, ließ sich, wegen des fehlenden Angebots, in Hannover nicht realisieren. Im Nachhinein muss ich das einem glücklichen Umstand zuschreiben, denn das Studium der Religionswissenschaft in Verbindung mit der Politikwissenschaft bis zum Bachelor hat sich für mich, wegen der Breite des Spektrums, als die glücklichere Alternative erwiesen. Der, an der Leibniz-Universität Hannover, sehr gegenwartsbezogene Masterstudiengang „Religionen im kulturellen Kontext" erfüllte meine Erwartungen vollends. Von Beginn an lag der Schwerpunkt meines Interesses allgemein auf den Wechselwirkungen von Religion und Gesellschaft und umgekehrt sowie beim Fokus auf dem Islam im Besonderen. Das ähnliche Thema wurde mir von Herrn Prof. Dr. Dr. Antes schon für die Masterarbeit vorgeschlagen, dies mit dem Hinweis, dass ich darauf ja dann meine Dissertation aufbauen könne. Die Ergebnisse meiner Recherchen sind bis zum 30. April 2014 in die Arbeit eingeflossen. Dies erwähne ich wegen der Dynamik des Forschungsgebiets, nahezu wöchentlich ergeben sich wieder neue Aspekte. Dennoch, oder gerade deswegen, wird mich das Thema auch in Zukunft nicht loslassen.

Abstract

Die zunehmende Präsenz des Islam in Europa schürt die Befürchtung einer Islamisierung Europas und den Verlust der eigenen Identität. Die Islamisierung bedeutet die Einführung der Sharia und diese wird assoziiert mit den Körperstrafen. Was der Begriff der Sharia tatsächlich beinhaltet ist zumeist nicht klar. Diese Befürchtungen werden von den islamischen Verbänden als unbegründete „Islamophobie" und Diffamierung des Islam abgetan. Dennoch zeigt das Abstimmungsverhalten anlässlich einer Volksbefragung in der Schweiz, dass die veröffentlichte Meinung nicht mit der öffentlichen Meinung korrespondiert. Der organisierte Widerstand sogenannter rechtspopulistischer Parteien wächst. Die Reaktionen der säkular geprägten Staaten auf diese Störung des sozialen Friedens sind aus religionswissenschaftlicher Sicht von besonderem Interesse. Hierzu wurde am Beispiel von fünf ausgewählten Ländern untersucht, in welchem Umfang Teile der Sharia schon angewendet werden. Möglich ist die Anwendung durch eine überdehnte Interpretation der Religionsfreiheit in Richtung auf die Religionsausübung und letztlich der Anspruch auf eine Religionsausübungsfreiheit. Es sind nicht die augenfälligen Dinge wie Moscheebauten oder kopftuchtragende Lehrerinnen im Fokus, sondern die unauffälligen Religionsausübungen mit denen die islamischen Verbände in die Lücken vorstoßen, die sich durch diese Interpretation auftun. Durch die Akzeptanz dieser Formen der Religionsausübung manifestieren sich aber auch Parallelgesellschaften, deren quantitative Größe auf Dauer von den Mehrheitsgesellschaften nicht mehr toleriert werden und schon aktuell zu Spannungen und Störungen des sozialen Friedens führen.

Abstract

The increasing presence of Islam in Europe spreads fear of an islamization of Europe and loss of its own identity. Islamization means the introduction of Shari'a and this is associated with corporal punishment. What the term Shari'a actually means is mostly unclear. These fears are dismissed by islamic organisations as unfounded „islamophobia“ and defamation of Islam. Nonetheless the way the votes went on the occasion of a referendum in Switzerland has shown that the published opinion does not correspond with public opinion. The organised resistance by so-called right wing populist groups is growing. The reaction of states characterised by secularism against this disturbance of social peace is of particular interest from the perspective of study of religions. For this purpose I have researched to which extent Shari'a is already being practised as exemplified by 5 selected countries. This practice is possible due to an interpretation that is too extensive and focussed on the practice of religion and, as a result, to claiming the freedom to practice religion. The focus is not on conspicuous issues like building mosques or veiled teachers but on the inconspicuous practice of religion with which the organisations fill the void arising from this kind of interpretation. Parallel societies manifest themselves due to an acceptance of these forms of practice of religion the sheer size of which will not be accepted by the majority society in the long run and will lead to tensions and disturbances of social peace.

Inhaltsverzeichnis

Darstellungsverzeichnis

Teil I
Hauptteil

Kapitel 1 Einleitung

> Der freiheitliche, säkularisierte Staat lebt von Voraussetzungen, die er selbst nicht garantieren kann. Das ist das große Wagnis, das er, um der Freiheit willen, eingegangen ist
>
> *(E.W. Böckenförde)*

Am 1. Mai 2007 wurde eine eidgenössische Volksinitiative mit dem Titel „Gegen den Bau von Minaretten“ initiiert. Lanciert wurde sie von Politikern der Schweizerischen Volkspartei (SVP) und der Eidgenössisch-Demokratischen Union (EDU). Am 8. Juli 2008 reichten Vertreter des Initiativkomitees 113.540 gültige Unterschriften bei der Schweizerischen Bundeskanzlei ein. Diese stellte am 29. Juli 2008 das formelle Zustandekommen der Initiative fest. Die Vorlage kam am 29. November 2009 zur Abstimmung und wurde – entgegen auf Umfragen beruhenden Voraussagen – von 57,5 Prozent der Abstimmenden, und mit 19,5 Prozent der Stände angenommen. Die Initiative verlangte, folgenden Wortlaut in die Bundesverfassung der Schweizerischen Eidgenossenschaft aufzunehmen: „Der Bau von Minaretten ist verboten“. Wissenschaftler und Politiker waren von diesem Ergebnis völlig überrascht und es kam im Nachgang zu heftigen Diskussionen über Menschenrechte im Allgemeinen und der Religionsfreiheit im Besonderen. Ein Volksentscheid dieser Art ist im deutschen Grundgesetz nicht vorgesehen. Dennoch artikulieren sich Teile der Bevölkerung immer deutlicher durch Demonstrationen oder Proteste anderer Art. Im August 2010 erschien das Buch des Autors Thilo Sarrazin mit dem Titel „Deutschland schafft sich ab“. Die Empörung der medialen Öffentlichkeit war groß, dennoch wurde das Buch mehr als 1,1 Millionen mal verkauft. Unabhängig vom Inhalt und unabhängig davon, ob das Buch auch von allen Käufern gelesen wurde, spiegelt es doch ein Stimmungsbild weiter Teile der Bevölkerung wider, das jedoch niemals zuvor so deutlich thematisiert wurde, nämlich die Sorge vor einer Islamisierung Europas durch eine falsch verstandene Toleranz der Staatengemeinschaft. Hier wurde deutlich, dass die *öffentliche* nicht mit der *veröffentlichten* Meinung korrespondiert. Während die islamischen Verbände mit immer neuen Forderungen an die Regierenden herantreten, resignieren große Teile der Gesellschaft wegen der immer weiteren Zugeständnisse und des Gefühls des

Verlustes der eigenen Identität. Exemplarisch seien hier die Forderungen des Zentralrats der Muslime in Deutschland (ZMD) aufgeführt, die aber so auch in den anderen Ländern der Europäischen Union gestellt werden.

Der Zentralrat der Muslime in Deutschland erwartet unter Punkt 20 seiner Charta von 2002 die Erfüllung folgender Forderungen:

- Einführung eines deutschsprachigen islamischen Religionsunterrichts,
- Einrichtung von Lehrstühlen zur akademischen Ausbildung islamischer Religionslehrer und Vorbeter (Imame),
- Genehmigung des Baus innerstädtischer Moscheen,
- Erlaubnis des lautsprechverstärkten [sic!] Gebetsrufs, Respektierung islamischer Bekleidungsvorschriften in Schulen und Behörden,
- Beteiligung von Muslimen an den Aufsichtsgremien der Medien,
- **Vollzug des Urteils des Bundesverfassungsgerichts zum Schächten,**
- Beschäftigung muslimischer Militärbetreuer,
- Muslimische Betreuung in medizinischen und sozialen Einrichtungen,
- **Staatlicher Schutz der beiden islamischen Feiertage,**
- **Einrichtung muslimischer Friedhöfe und Grabfelder.**[1]

Die Evangelische Kirche in Deutschland (EKD) wendet sich gegen den lautsprecherverstärkten Gebetsruf:

> Der islamische Gebetsruf formuliert explizit den Kern und den Anspruch des islamischen Glaubens in Gestalt des Glaubensbekenntnisses. Abgesehen davon, dass die Lautsprecherverstärkung nur sinnvoll sein kann, wenn sie vom Großteil der Gläubigen zu hören ist, wird durch sie eine Situation geschaffen, in der die Anwohner ohne Ausweichmöglichkeiten eben dieser religiösen Handlung, dem öffentlichen Bekenntnis des islamischen Glaubens, ausgesetzt sind. Insofern das Grundrecht, kultischen Handlungen eines nicht geteilten Glaubens fernzubleiben (Art. 4 GG in seiner Ausgestaltung als negative Religionsfreiheit), nicht gewahrt wird, gerät die Toleranzforderung an dieser Stelle zur Billigung einer von einigen Muslimen gewünschten und betriebenen Demonstration islamischer Präsenz im nichtmuslimischen Umfeld.[2]

---

1 Hervorhebungen durch den Autor, auf diese Forderungen wird im Weiteren detailliert eingegangen werden.

2 http://www.ekd.de/ezw/Publikationen_2122.php, gesichtet am 10.04.2014. Das Läuten der Kirchenglocken stellt keinen Teil eines Gebets oder Glaubensbekenntnisses dar und vermittelt somit auch keine Botschaft.

Diese Stimmungslage ist mittlerweile auch in der Mitte der Gesellschaft angekommen. Als weiteres Element der Ablehnung müssen die Gründungen antiislamisch orientierter Parteien, beziehungsweise der Zulauf zu diesen Parteien gesehen werden. Der französische *Front National* (FN) und die niederländische *Partij voor de Vrijheid* (PVV) bilden für die Europawahlen 2014 eine Allianz. In Großbritannien sind die *United Kingdom Independence Party* (UKIP) und die *British National Party* (BNP) aktiv, in Deutschland sind es die *PRO-Bewegungen.* Die *Organisation of Islamic Cooperation* (OIC) hatte im September 2006 beschlossen, eine UN-Resolution gegen die Diffamierung von Religionen zu fordern, dies mit der Begründung, dass diese vermeintlichen Diffamierungen einen Verstoß gegen die Menschenrechte darstellten. Im März 2011 wurde eine solche Resolution endgültig abgelehnt, dies mit dem Argument, dass Menschenrechte grundsätzlich Individualrechte seien und somit Religionen keinen Menschenrechtsschutz beanspruchen könnten, sowie mit dem Hinweis darauf, dass durch eine solche Resolution das Menschenrecht auf Meinungsfreiheit beschnitten würde.

In der Rezeption der Ursprungsbevölkerung europäischer Staaten werden Islam und Sharia als Synonyme verwendet. Darüber, was der Begriff Sharia beinhaltet, herrscht aber vielfach Unklarheit. Das Leben nach der Sharia bedeutet für Muslime einen Teil ihrer Identität, auch wenn diese Muslime ihre Heimat aus den unterschiedlichsten Motiven verlassen haben, so ist der Wunsch, danach zu leben, doch ungebrochen. Dies anzuerkennen, wird von den islamischen Verbänden in den europäischen Ländern immer deutlicher gefordert. Das erfolgt sogar mit solch „unislamischen" Argumenten wie der Forderung nach Religionsfreiheit, hier allerdings nur verstanden im Sinne einer „Religions*ausübungs*freiheit" und dem Rückgriff auf die Anwendung der europäischen Menschenrechtsvorstellungen auch für die Muslime. Eine Religionsfreiheit in dem Sinn, vom Islam zu einer anderen Religion zu wechseln oder der Freiheit für Frauen auch einen nicht-muslimischen Partner zu wählen wird abgelehnt. Dabei wird völlig verkannt, dass die einheimischen Gesellschaften ebenfalls eine Identität besitzen, die durch primär christlich-jüdische Einflüsse geprägt ist. Auch wenn die Religion durch den Staat in die Privatsphäre verbannt wurde und dort immer mehr an Bedeutung verliert, so sind die Wurzeln, wenn auch vielleicht unbewusst, dennoch weiterhin klar und stark erkennbar.

1.1 Problemstellung

Eine weitere Zunahme islamischer Präsenz wird von immer weiter anwachsenden Teilen der „Ursprungsbevölkerung“ nicht mehr widerstandslos hingenommen und birgt ein erhebliches Gefährdungspotenzial für den sozialen Frieden in den Staaten der Europäischen Union. Während Teile der Sharia, wie zum Beispiel die sogenannten „fünf Säulen des Islam“, problemlos in den säkular geprägten Ländern Europas gelebt werden können, ist dies für einen nahezu ebenso großen Anteil der Sharia nicht möglich. Hierbei handelt es sich im Wesentlichen um die Anwendung des islamischen Strafrechts, aber auch um Fragen der Gleichberechtigung der Geschlechter in Fragen des Familienrechts, also des Ehe–, Scheidungs– und Erbrechts. In das Bewusstsein der Europäer geraten sind seit dem 11. September 2001 die Terroranschläge in europäischen Großstädten aber auch die Entwicklungen in den Ländern des „Arabischen Frühlings“. Parallel dazu verändert sich das Bild der Städte durch Kopftuch tragende Frauen, die deutliche Präsenz des Islams durch repräsentative Moscheen und weithin sichtbare Minarette und Straßen mit Geschäften, deren Namen für die Einheimische Bevölkerung nicht lesbar sind, während gleichzeitig Kirchen profaniert und zu anderen Zwecken umgebaut werden.

Am 14. Januar 2014 berichtet die „The Copenhagen Post“ davon, dass Lokalpolitiker der dänischen Hauptstadt sich weigern an der Einweihung einer Moschee teilzunehmen. Hintergrund der Weigerung stellt ein Kredit von mehr als 20 Millionen Euro dar, der von Qatar zum Bau der Moschee gewährt wurde. Die Politiker fürchten hier den Einfluss konservativer islamischer Ideologien.[3] Schlagworte wie „Islamophobie“ und „Rassismus“ werden in das Vokabular aufgenommen, um Kritik zu unterbinden und die eigenen Forderungen durchzusetzen. Auf nicht muslimischer Seite wächst gleichzeitig die Sorge vor einer Islamisierung Europas.

1.2 Zielsetzung

Die meisten Staaten der europäischen Union gelten, in unterschiedlichen Abstufungen, als säkular, beziehungsweise laizistisch. Allen gemeinsam ist

---

3 http://cphpost.dk/news/city-politicians-to-skip-mosque-opening.8311. html, gesichtet am 19.01.2014.

das Neutralitätsgebot gegenüber den Religionen. Das Neutralitätsgebot kann sowohl verstanden werden als Neutralität gegenüber der Wahrheitsfrage, als auch im Sinne eines Verbots, eine Religion zu priviligieren. Die Wahrheitsfrage kann nicht entschieden werden, deshalb ist es das Ziel der vorliegenden Arbeit, am Beispiel verschiedener Länder der Europäischen Union festzustellen, ob sich diese Staaten tatsächlich den Religionen gegenüber neutral verhalten oder doch eine bestimmte, hier die christliche, Religion privilegieren und hierzu Aussagen zur Erhaltung des sozialen Friedens in diesen Staaten zu machen. In den Ländern der Europäischen Union wird den Forderungen nach Akzeptanz islamischer *Religionsausübung* in unterschiedlicher Weise entsprochen. Während in Großbritannien schon sogenannte Sharia–Courts akzeptiert werden, wird in Frankreich über das Verbot der Burka debattiert und dies letztlich, um dem Gebot der Laizität zu entsprechen, als Verbot der Vermummung formuliert.[4] Gleichzeitig führen europäische Großbanken, wie zum Beispiel die Deutsche Bank, parallel zum bestehenden System das islamische Bankensystem ein. Kann deshalb schon von einer Islamisierung Europas gesprochen werden und steuert Europa, wie es die Publizistin Bat Ye'or ankündigt, auf ein Eurabia zu?[5]

1.3 Methode

Zunächst ist es erforderlich, die zahlreichen Facetten der Sharia zu beschreiben. Dazu gehört die Unterscheidung von sakralen und gesellschaftsrelevanten, somit profanen Anteilen, und hierzu wiederum die Untersuchung der Quellen sowie deren Auslegungen durch die islamischen Rechtsschulen. Im empirischen Teil der Arbeit, dem dritten Kapitel, werden aktuelle

---

4 Veröffentlicht unter: Assemblée nationale – Sociéte: interdiction de la dissimulation du visage dans l'espace public.

5 vgl. Ye'or, 2013. Die Autorin sieht für Europa eine Entwicklung wie sie sie für das orientalische Christentum in einem anderen Buch beschrieben hat. Demnach würden die nicht muslimischen Gesellschaften Europas den Status der tolerierten „Schutzbefohlenen" (arab. Dhimmis) annehmen und mit massiven Benachteiligungen rechnen müssen. Der „Pakt des Umar" führt diese Benachteiligungen auf, auch wenn dieser Pakt nie vollständig zur Geltung kam.

Daten[6] von fünf ausgewählten EU–Mitgliedsstaaten daraufhin untersucht und ausgewertet, inwieweit Teile der Sharia schon angewendet werden und von den „Ursprungsgesellschaften“ akzeptiert werden, beziehungsweise ein wachsendes Konfliktpotenzial darstellen. Die Auswahl der Staaten orientiert sich an den folgenden Kriterien:

- Das Einheitssystem, verkörpert in der Staatskirche, in dem das Staatsoberhaupt gleichzeitig das Kirchenoberhaupt ist. Dieses System ist in den nördlichen Ländern Europas verbreitet, unter anderen in England mit der *Church of England.*
- Das Konkordat und das Vertragssystem, in dem die Beziehung zwischen Kirchen und Staat vertraglich geregelt sind. Das sind einerseits die Konkordate für die katholische Kirche und andererseits die Kirchenverträge für die Protestanten. Dies gilt unter anderem für Deutschland.
- Das separatistische System, in dem Staat und Religion formal strikt voneinander getrennt sind. Dieses laizistische System gilt für Frankreich.

Um die Arbeit innerhalb einer vorgegebenen Zeit abschließen zu können, mussten die Untersuchungsgegenstände deutlich eingegrenzt werden. Das bedeutete zunächst einmal, die Anzahl der zu betrachtenden Länder auf fünf zu begrenzen.

Die Länder im Einzelnen:

Großbritannien gehört zu den bedeutenden europäischen Kolonialmächten. Die Church of England, als Mutterkirche der „Anglikanischen Gemeinschaft“, gilt auch heute noch als Staatskirche, das Oberhaupt ist der Monarch, beziehungsweise die Monarchin. Der Zustrom von Muslimen aus den ehemaligen Kolonialstaaten erfolgte im Wesentlichen nach dem 2. Weltkrieg und ergibt eine ethnische Mischung von besonderem Ausmaß. Im Juli 2005 wurden bei einem Bombenattentat 56 Menschen getötet. Schon früher kam es durch muslimische Jugendliche zu gewalttätigen Ausschreitungen in Städten mit hohem Migrantenanteil.

Frankreich ist die zweite bedeutende europäische Kolonialmacht. Die Zuwanderung von Muslimen erfolgte in größerem Umfang aber schon

6 Hierzu werden bevorzugt regierungsamtliche Veröffentlichungen ausgewertet.

früher und hauptsächlich aus den Ländern des Maghreb. Im Französisch - Algerischen Krieg kämpften etliche Algerier auf Seiten Frankreichs. Nachdem der Krieg für Frankreich verloren war, mussten diese Muslime (*harkis*[7]) in Frankreich bleiben, weil sie in Algerien als Verräter gesehen wurden. Bei Ausschreitungen durch muslimische Jugendliche im Großraum von Paris werden im Zeitraum vom 17. Oktober bis zum 17. November 2005 mehr als 2800 dieser Jugendlichen festgenommen.

Nach dem zweiten Weltkrieg gehörten annähernd 100 Prozent der deutschen Bevölkerung einer der beiden christlichen Hauptkirchen an.[8] Kleine muslimische Gemeinden sind schon in Preußen nachgewiesen. Ein relevanter Zustrom ergab sich aufgrund der Nachfrage nach Arbeitskräften zur Zeit des sogenannten „Wirtschaftswunders" nach dem 2. Weltkrieg. Ein Abkommen mit der Türkei vom 30. Oktober 1961 begründete den starken Zustrom türkischstämmiger Muslime. Einer Studie der *Deutschen Islamkonferenz* (DIK) zufolge ist der Bevölkerungsanteil durch Zuwanderung aus islamisch geprägten Ländern zwischenzeitlich auf rund vier Millionen Menschen angestiegen.

Die Niederlande traten als Nation erst nach dem Dreißigjährigen Krieg und dem Friedensschluss zu Münster und Osnabrück (1648), sowie der damit einhergehenden Befreiung von der spanischen Herrschaft, in die Geschichte ein. Die Bevölkerung der Niederlande steht in dem Ruf, besonders liberal und multikulturell orientiert zu sein.[9] Nach den Morden an Pim

---

7 Harki, von arabisch ḥaraka(t) „Bewegung", bezeichnet einen Gehilfen der französischen Armee, der während des Algerienkrieges 1954 - 1962 dort diente. Weiterhin werden oft alle algerischen Muslime so genannt, die sich zur Französischen Republik bekannten und nicht für die Unabhängigkeit Algeriens eintraten.

8 Für das Jahr 1950 gibt die *Forschungsgruppe Weltanschauungen in Deutschland (Fowid)* einen Anteil in Prozenten von 50,6 evangelisch und 45,8 katholisch an. Bis 1961 haben sich die Zahlen kaum verändert (51,1 bzw. 45,5) Selbst 1970 liegt das Verhältnis noch bei 49,0 und 44,6 Prozent. Eine signifikante Änderung stellt sich erst nach der Wiedervereinigung beider deutscher Staaten ein (36,9 bzw. 35,4 Prozent).

9 Nach dem Ende des 80-Jährigen Kriegs (1648) gegen Spanien entstand in den Niederlanden die erste urbane Gesellschaft Europas. Das restliche Europa blieb im Griff des Absolutismus, die Bürger der Niederlande setzten auf eine Politik des sozialen Gewissens. Motiviert durch kaufmännischen Pragmatismus, war

Fortuyn (2004) und Theo van Gogh (2004) gewann der Rechtspopulist Geert Wilders in sehr kurzer Zeit großen Zulauf, und seine Partei, *Partij voor de Vrijheid* (PVV), verfügte nach den Parlamentswahlen 2010 über ausreichend Sitze in der Zweiten Kammer, um die Koalition aus *Volkspartij voor Vrijheid en Democratie* (VVD) und *Christen Democratisch Appèl* (CDA) durch Duldung zu unterstützen und eigene, gegen die muslimische Bevölkerung gerichtete, Forderungen durchzusetzen.

Spanien hatte, früher als alle anderen europäischen Länder, Kontakt mit dem Islam und seinen Anhängern. Architektonische und linguistische Reste dieser Zeit finden sich auch heute noch auf der Iberischen Halbinsel. Im März 2004 kamen bei einem Bombenanschlag im Bahnhof von Madrid 191 Menschen ums Leben, mehr als 2000 wurden verletzt. Dieser Anschlag, nur drei Tage vor Parlamentswahlen, führte entgegen aller Prognosen zu einem Sieg der Sozialisten (PSOE) und dem Ende des spanischen Militärengagements im Irak. Die Dominanz der katholischen Kirche ist von großer Bedeutung für das Verhältnis des Staates zu den anderen Religionsgemeinschaften.

Bei den untersuchten Ländern kam es bis zum Ende der Recherche nur in Deutschland nicht zu Ausschreitungen oder vollendeten Anschlägen. Dennoch ist auch in Deutschland, wie in den anderen Ländern, eine verstärkte Präsenz divergierender Kräfte „Islam versus Ursprungsgesellschaft" erkennbar, die auf Dauer zur Gefährdung des sozialen Friedens und zu einer Spaltung der Gesellschaft führen können.

Eine weitere Eingrenzung musste auf speziellen Untersuchungsfeldern vorgenommen werden. In das Bewusstsein der europäischen Öffentlichkeit dringen islamische Wünsche und Forderungen durch Diskussionen um Kopftuch tragende Lehrerinnen, Moscheebauten mit Minaretten, Islamunterricht an Schulen und einiges mehr. In dieser Arbeit werden weniger spektakuläre Untersuchungsgegenstände betrachtet. Das sind im Einzelnen:

- Islamische Bestattungsrituale,
- Islamische Speisevorschriften,

---

klar, dass ein egoistisches Denken langfristig nur schaden würde. Um also ungestört Handel treiben zu können, musste die Gesellschaft zusammengehalten und der soziale Frieden gewahrt werden. Diese, auf Pragmatismus beruhende Toleranz ist die Wurzel des liberalen Denkens der Niederländer.

- Islamische Feiertage,
- Anwendung des islamischen Ehe– und Scheidungsrechts.

Es bleibt dabei zu bedenken, dass hier Forderungen nach Beachtung von islamischen Verbänden gestellt werden, auch wenn diese Verbände nur einen geringen Teil der in den Ländern lebenden Muslime vertreten.

Das Erstellen der Arbeit war durch folgende Kriterien eingegrenzt. Zum einen stand ein konkreter Bearbeitungszeitrahmen fest, zum anderen musste in mehreren Landessprachen recherchiert werden. Dies gilt insbesondere für den französischen Anteil der Arbeit, weil dort grundsätzlich nur auf Französisch veröffentlicht wird. Wenn diese Probleme auch durch eine entsprechend stringente Organisation zu bewältigen waren, so stellte sich die dynamische, inhaltliche Entwicklung in Deutschland als eine noch wesentlichere Herausforderung dar. Zu Beginn der Recherchen war nicht beabsichtigt, auch noch die muslimischen Feiertage einzubeziehen. Dann aber wurde im August 2012 ein Staatsvertrag zwischen der Freien und Hansestadt Hamburg und drei muslimischen Organisationen geschlossen. Im Januar 2014 folgte Bremen mit einem ähnlichen Vertrag, in Schleswig-Holstein und Niedersachsen wird gegenwärtig darüber verhandelt. Es ist zu vermuten, dass weitere Bundesländer in Kürze folgen werden. Auf Grund dieser Entwicklung wurden dann die muslimischen Feiertage mit in die Liste der zu untersuchenden potenziellen Konfliktfelder aufgenommen.

Für die Zitate aus dem Koran wurde durchgängig die Übersetzung von Hartmut Bobzin verwendet.

1.4 Theorie

Der europäische Kontinent hat sich von einem vorwiegend christlichen zu einem sowohl religiös als auch zu einem ethnisch pluralem Kontinent gewandelt. Bis zum Beginn des 20. Jahrhunderts hatten die Staaten der Europäischen Union ausschließlich christlich-jüdische Wurzeln und Traditionen, wenn auch in unterschiedlichen Denominationen. In der Mitte des 20. Jahrhunderts kam es in beträchtlichem Ausmaß zu Zuwanderungen in die Staaten Westeuropas, vornehmlich bedingt durch den Arbeitskräftemangel. Das Menschenrecht der Religionsfreiheit beinhaltet die Glaubens-, Gewissensund Bekenntnisfreiheit. Der Islam ist nicht nur Religion sondern auch eine eigene Gesellschaftsordnung. Zur Durchsetzung immer weitreichender Forderungen auf Akzeptanz nach dieser islamischen Gesellschaftsordnung in den Staaten der Europäischen Union leben zu können, wird mit der Religionsfreiheit argumentiert, auch wenn es sich dabei um Formen der Religionsausübung handelt. Auf diesem Weg werden diese Forderungen dann zu rechtlich einklagbaren Formen der Religionsausübung. Das bedeutet aber auch den Konflikt mit den vorherrschenden Traditionen der Aufnahmegesellschaft. In dieser Arbeit wird dazu von folgenden Thesen ausgegangen:

Der Islam stößt in die Lücken vor, die durch eine überdehnte Interpretation des Begriffs der *Religionsfreiheit* geöffnet wurden, und nimmt damit Räume ein, die weder mit der europäischen Vorstellung von Recht noch mit europäischen Traditionen zu vereinbaren sind.

Ein Denken in den Kategorien von Normen und Ideologien kann einer religiös– kulturell pluralen Gesellschaft nicht gerecht werden und führt zu konfliktträchtigen Polarisierungen.

Auch für den Islam gibt es einen tolerablen Kern der Religionsausübung, die Grenzen müssen von der Aufnahmegesellschaft festgelegt werden und dürfen dann nicht überschritten werden.

Der Theorieteil orientiert sich zum einen an dem sogenannten Böckenförde- Diktum, zum anderen an der Argumentation von Marianne Heimbach- Steins in *Religionsfreiheit - Ein Menschenrecht unter Druck*.

> So stellt sich die Frage nach den bindenden Kräften von neuem und in ihrem eigentlichen Kern: der freiheitliche, säkularisierte Staat lebt von Voraussetzungen, die er selbst nicht garantieren kann. Das ist das große Wagnis, das er, um der Freiheit willen, eingegangen ist. Als freiheitlicher Staat kann er einerseits nur bestehen, wenn sich die Freiheit, die er seinen Bürgern gewährt, von innen her, aus der moralischen Substanz des einzelnen und der Homogenität der Gesellschaft reguliert.[10]

Marianne Heimbach-Steins stimmt Daniel Bogner zu, wenn er schreibt:

> [...] einen Pfadwechsel im Verhältnis zum Staat, wenn die Erwartungen an Gesetzgebung und Rechtsprechung verbunden sind mit dem Verweis auf das von ihnen ausdrücklich formulierte religiöse Verständnis. Denn es müsste dann eine Auseinandersetzung um das aus ihrer Sicht wirklich schutzwürdige der eigenen Praxis geführt werden. Dafür wäre eine intensive, auch theologisch durchdrungene

10 Böckenförde, 1991, S. 112.

Erörterung darüber erforderlich, was eigentlich die Praxis des christlichen Glaubens ausmacht.[11]

Dem ist zwar grundsätzlich zuzustimmen, aber:

1. ist nicht nur die Praxis des christlichen Glaubens von Interesse, sondern eben aller Religionen in einer Gesellschaft,
2. muslimische Verbände müssen, wegen des Dogmas der nicht möglichen Trennung von Staat und Religion, den ganzen Lebensbereich als religiösen Kern und somit nicht verhandelbar darstellen.

Der Göttinger Soziologe Bassam Tibi prägte den Begriff des Euroislam, um einen Islam zu definieren, welcher mit den europäischen Wertvorstellungen kompatibel ist. Dieser Begriff wurde von Tariq Ramadan, dem Enkel des Gründers der Muslimbruderschaft, Hassan al-Banna, aufgegriffen und vereinnahmt. Bei genauerem Hinsehen unterscheiden sich die Interpretationen und Vorstellungen von einem Euroislam aber erheblich. In dieser Arbeit kann auf diese Unterschiede nicht weiter eingegangen werden. Dessen ungeachtet stehen sich hier zwei in sich schon sehr inhomogene Gruppen gegenüber. Auf der einen Seite die Gruppe der europäischen Länder mit unterschiedlich ausgeprägten Dimensionen der Säkularisierung, auf der anderen Seite die unterschiedlichen Interpretationen der islamischen Rechtsschulen sowie die diversen Ethnien, welche es bisher nicht schaffen, eine gemeinsame Basis für einen Euroislam zu finden.

Zudem stellt sich die Realität unterschiedlicher Entwicklungen in den Kulturkreisen einer Integration der Sharia in das europäische Wertesystem entgegen. Die europäische Geistesgeschichte hat während der vergangenen Jahrhunderte eine kontinuierliche, wenn auch zum Teil schmerzhafte Entwicklung durchlaufen. Daraus resultieren letztlich die europäischen Vorstellungen der Menschenrechte sowie ein modernes Rechts- und Demokratieverständnis. Der Islam, wie auch einige weitere Kulturen, hat keinen derartigen Prozess durchlaufen. Somit prallen hier sehr unterschiedliche Wertvorstellungen aufeinander, die zu einer Gefährdung des sozialen Friedens führen können.

---

11 Daniel Bogner, „Wer definiert den Schutzbereich der Religionsfreiheit?, zitiert in: Heimbach-Steins, 2012, S. 211.

Zunächst soll mit einem hermeneutischen Ansatz, im dritten Kapitel der Arbeit, der Begriff der Sharia geklärt und verdeutlicht werden. Dazu ist es erforderlich, die Quellen ebenso zu beschreiben wie die Rechtsschulen und deren Entwicklung. Es muss klar werden, dass die Sharia in einem langwierigen Prozess der Anpassung an zeitliche und regionale Gegebenheiten entstanden ist. Ebenso muss klar werden, dass es „die" Sharia ebenso wenig gibt wie „den" Islam und dass die Regeln der Sharia in ihrer Gänze zu keiner Zeit und an keinem Ort angewendet wurden.

Kapitel 2 Religionsfreiheit Religionsausübung Religionsausübungsfreiheit

> Als freiheitlicher Staat kann er einerseits nur bestehen, wenn sich die Freiheit, die er seinen Bürgern gewährt, von innen her, aus der moralischen Substanz des einzelnen und der Homogenität der Gesellschaft, reguliert.
>
> *(E.W. Böckenförde)*

In den 50er Jahren des vorigen Jahrhunderts waren 96 Prozent der Bevölkerung in Deutschland Mitglieder einer der beiden christlichen Großkirchen[12]

Das änderte sich bis in die 70er Jahre nicht wesentlich. Die Gesellschaft war damit religiös homogen. Es ist nicht zu bestreiten, dass Europa ein christlich geprägter Kontinent ist, auch wenn die Religion vom Staat in die Gesellschaft und somit in das Private verdrängt wurde. Die staatlichen Feiertage sind im wesentlichen christliche Feiertage, der Sonntag gilt in den europäischen Ländern als Ruhetag und politische Parteien werben mit ihrer christlichen Identität. Es ist nicht Aufgabe des Staates über die Wahrheitsfrage einer Religion zu entscheiden, somit muss er sich in dieser Frage allen Religionen gegenüber neutral verhalten. Aus historischer Perspektive hat sich, bedingt durch die Aufklärung, zuerst die Wissenschaft aus der Bevormundung der Kirchen gelöst und in einer eigenen Sphäre mit empirischen Methoden und der ständigen Kritik an den gefundenen Erkenntnissen weiter entwickelt. Danach folgte die Rechtswissenschaft, die sich ebenfalls von den Vorgaben der Religion und den Herrschaftsstrukturen löste und mit juristischen Kriterien geltende Gesetze zu interpretieren suchte.[13] Für das Menschenrecht der Religionsfreiheit führte das zu einer Generalisierung des Rechts hin zur Religionsausübung und aktuell zum vermeintlichen Recht auf Religionsausübungsfreiheit. Derartige Generalisierungen von Menschenrechten bleiben aber in den Gesellschaften der europäischen Staaten nicht unwidersprochen. Wenn zum Beispiel eine Ehe gleichgeschlechtlicher Paare einer Ehe heterogener Paare in jeder Hinsicht gleichgestellt werden soll, so erregt das nicht nur in islamischen Ländern,

---

12 http://fowid.de/nc/archive/erweiterte-suche/ Gesichtet am 04.04.2014. Es ist erforderlich die Jahreszahl '1950' in das Suchfeld einzugeben.

13 vgl. Schwiering, 2011, S. 174.

sondern auch in christlich geprägten Gesellschaften erheblichen Widerspruch. Am 18.05.2013 trat in Frankreich das Gesetz Nr. 2013-404 vom 17.05.2013 über die Einführung der gleichgeschlechtlichen Ehe in Kraft. Mit diesem Gesetz werden gleichgeschlechtlichen Ehepaaren sämtliche Rechte eingeräumt, die das französische Eherecht vorsieht. Schon im Vorfeld kam es zu Massenprotesten der Bevölkerung. Frankreich geht damit noch weiter als Deutschland, wo gleichgeschlechtliche Paare keine Ehe, sondern nur eine eingetragene Lebenspartnerschaft nach dem Lebenspartnerschaftsgesetz (LPartG) eingehen können.

2.1 Die Gesellschaft

Gesellschaft und Staat sind zwei unterschiedliche Ebenen, die aber voneinander abhängig sind. Die Frage, was Gesellschaft eigentlich ist, hat sowohl Soziologen als auch Philosophen beschäftigt, ohne dass bis heute eine allgemein gültige Definition gefunden werden konnte. Das liegt in erster Linie daran, dass eine Gesellschaft kein starrer Organismus ist, sondern einem hochkomplexen kybernetischen System gleicht. Wenn eine Stellschraube verändert wird, hat das zumeist Auswirkungen auf das gesamte System. Der Mensch ist zugleich ein sowohl grundsätzlich soziales Wesen als auch ein Individuum mit eigenen, den Vorstellungen der Mehrheit auch manchmal zuwider laufenden, Interessen. Bezog sich der Begriff früher auf eine Gruppe von Menschen, die innerhalb territorialer Grenzen nach bestimmten Regeln und einem gemeinsamen Wertekanon lebte, so haben politische und wirtschaftliche, eben auch Globalisierungstendenzen den Begriff von Gesellschaft verändert. Die Gesellschaft ist sowohl multikulturell als auch religiös plural geworden. Jede Gesellschaft ist zunächst einmal zweckund nutzorientiert. Dazu ist es erforderlich, dass die Mitglieder der Gesellschaft grundsätzlich ähnliche oder gleiche Vorstellungen von Recht und Moral haben und sich mit der Gesellschaft, in der sie leben, identifizieren. Die Mitglieder jeder Gesellschaft können auch unterschiedliche Vorstellungen ihrer Lebensführung haben, solange dadurch nicht andere Mitglieder der Gesellschaft in ihrer eigenen Lebensführung beeinträchtigt werden. Innerhalb eines Staates kann es auch kleinere Gesellschaften geben, Wirtschaftsunternehmen haben oftmals einen Gesellschaftsstatus. Es ist auch möglich als Mitglied eines Vereins einer kleineren Gesellschaft anzugehören. Wenn aber die Ziele der Parallelgesellschaften denjenigen der Mehrheitsgesellschaft zuwiderlaufen, kommt es zu Konflikten, die dann toleriert oder diskursiv ausgetragen werden müssen.

2.1.1 Tradition

Sowohl der Begriff der Tradition als auch der der Kultur grenzen eine Gesellschaft gegen diejenigen ab, die nicht in der jeweiligen Tradition aufgewachsen sind beziehungsweise von einer anderen Kultur geprägt sind. Unter Hinweis auf die eigene Tradition werden Dinge toleriert oder nicht toleriert. Das Wort „Tradition“ wandelte sich in den 60er Jahren des vorigen Jahrhunderts in Deutschland ideologisch zu einem negativ besetzten Begriff. Alles, was sich gegen vorhandene Traditionen richtete, musste toleriert werden. Wenn dann nachgefragt wurde, was denn mit der Forderung nach Toleranz gemeint sei, wurden diffuse Erklärungen abgegeben, die zumeist eher in der Aufgabe des Eigenen münden sollten als in einer tatsächlichen Toleranz. Der deutsche Philosoph Rainer Forst richtet den Fokus seiner Arbeit auf den Begriff der Toleranz. Er benennt dabei vier Toleranzkonzeptionen. Die erste Konzeption nennt er die „Erlaubnis-Konzeption“ und bezeichnet damit die Beziehung zwischen einer Autorität oder Mehrheit und einer von deren Vorstellungen abweichenden Minderheit.

> Toleranz besteht darin, dass die Autorität (oder Mehrheit) der Minderheit die Erlaubnis gibt, ihren Überzeugungen gemäß zu leben, solange sie – und das ist die entscheidende Bedingung - die Vorherrschaft der Autorität (oder Mehrheit) nicht in Frage stellt.

Die zweite Konzeption nennt er die Koexistenz-Konzeption. Hier wird die Toleranz vorrangig pragmatisch-instrumentell begründet. Es stehen sich letztlich zwei annähernd gleich starke Gruppen gegenüber, die einsehen, dass sie um des sozialen Friedens willen und ihrer eigenen Interessen willen Toleranz üben sollten.

Das dritte Konzept ist die Respekt-Konzeption, die von einer moralisch begründeten Form der wechselseitigen Achtung der sich tolerierenden Individuen oder Gruppen ausgeht.

> Die Tolerierenden respektieren einander als autonome Personen bzw. als gleichberechtigte Mitglieder einer rechtsstaatlich verfassten politischen Gemeinschaft.

Die vierte Konzeption findet sich im Verhältnis von Multikulturalismus und Toleranz und kann als Wertschätzungs-Konzeption bezeichnet werden.

> Damit dies allerdings noch eine Konzeption der Toleranz ist und die Ablehnungskomponente nicht verloren geht, muss diese Wertschätzung eine beschränkte bzw. „reservierte" sein, bei der die andere Lebensform nicht – zumindest nicht in den entscheidenden Hinsichten – als ebenso gut oder besser als die eigene gilt.[14]

Hier gehe ich davon aus, dass Grenzen der Toleranz durch das quantitave Verhältnis von Mehrheitszu Minderheitsgesellschaft und deren Forderungen nach Anerkennung der jeweils eigenen Lebensweise gezogen werden. Wenn quantitativ marginale Gruppen eine eigene Lebensform entwickeln, welche nicht den territorialen Gesetzen widersprechen, so fällt das in der Regel nicht auf und muss somit auch nicht besonders toleriert werden.

Wenn eine Minderheit, wie die in den europäischen Staaten lebenden Muslime, eine bedeutende quantitative Größe erreicht haben und mit ihren Forderungen an die Mehrheitsgesellschaft gehen, können durchaus Grenzen der Toleranz, wie das Minarettverbot in der Schweiz zeigt, erreicht werden. Politik und Wissenschaft haben hier die Wirkmächtigkeit von Traditionen unterschätzt.

2.2 Freiheit

Das Wort „Freiheit" meint in seiner Grundbedeutung den Selbstbesitz, also die Unabhängigkeit vom Willen des Anderen. Freiheit meint aber auch die Wahlfreiheit zwischen mehreren Alternativen. So meint die Religionsfreiheit im Kern die Wahlfreiheit zwischen den Alternativen einer Religion oder Weltanschauung anzugehören, sie zu wechseln oder eben keiner Religion anzugehören und sich zu ihr zu bekennen oder nicht.[15] Um den Begriff der Religionsfreiheit gegen andere Freiheiten im Zusammenhang mit der Religion abzugrenzen, führe ich hier zum besseren Verständnis den Begriff der Religions*wahl*freiheit ein. Das Menschenrecht der Religions*wahl*freiheit wird durchaus nicht in allen Ländern und Kulturen

14 vgl. bis hierher Forst, 2003, S. 42-48.

15 Keiner Weltanschauung anzugehören ist nicht möglich, da dies ja schon eine Weltanschauung an sich wäre.

gewährt, es ist aber eben dieses *Individual*recht, welches es in besonderer Weise zu schützen gilt. Durch die Tendenz moderner Gesellschaften, Menschenrechte zu generalisieren, wird diese Freiheit immer weiter relativiert, bis hin zur *kollektiven* Religions*ausübungs*freiheit. Wenn aber jedes aktive Handeln unter der Maske der Religionsfreiheit als erlaubt gelten soll, lassen sich Grenzen nur sehr bedingt ziehen. Dennoch gilt:

> Umgekehrt muß der Staat an der Durchsetzung seiner allgemein und für alle geltenden Gesetze (des öffentlichen Rechts wie des Strafund auch des Zivilrechts) festhalten, ja er muß diese auch gegenüber jenen durchsetzen, die sich für ihr davon abweichendes Verhalten auf ihre Religion berufen.[16]

Die Interpretation dessen, wo diese Grenzen zu ziehen sind, wird den normativen Vorgaben der Juristen überlassen, die dabei nicht auf die kulturellen Belange der Mehrheitsgesellschaften eingehen können. Für die Unsicherheit der Juristen bei den Entscheidungen in Einzelfällen ließen sich genügend Beispiel anführen. Welche Unsicherheit auch in der deutschen Rechtsprechung herrscht, zeigt das Urteil einer Frankfurter Amtsrichterin, die die Gewaltanwendung eines Muslim gegen seine Ehefrau als Teil der grundgesetzlich geschützten Religionsausübung gelten lässt[17], nachzulesen im Spiegel Online vom 20. März 2007 und Focus Online vom 21. März 2007.

2.2.1 Einschränkung

Es hat sich bis hierher gezeigt, dass das Feld der Religionsfreiheit durch eine ständige Vermischung von zu *garantierender*, individueller Religionsfreiheit und zu *gewährleistender* kollektiver Religionsausübung gekennzeichnet ist. Was bedeutet aber „zu gewährleisten“ in der Praxis? In der Praxis zeigt sich, dass unter Berufung auf die Religionsfreiheit immer mehr Ausnahmeregelungen zugelassen werden, die die bestehenden Gesetze aushöhlen. Als Beispiele seien hier nur das betäubungslose Schächten von Tieren oder die bewußte Körperverletzung von Knaben durch die Zirkumzision (Beschneidung) genannt.

16 vgl. Horst Dreier in: Dreier/Hilgendorf, 2008, S. 23.
17 Dieses Urteil wurde wieder aufgehoben.

> Hier ist es durchaus problematisch, wenn immer öfter und immer selbstverständlicher Ausnahmen zugelassen werden. [...] Die insofern von Behörden und Gerichten vielleicht allzu lange allzu bereitwillig erteilten Dispensionen sind letztlich keine Lösung, weil der Kohäsion einer Gesellschaft abträglich. Derartige Rechtskonflikte fungieren gleichsam als „Seismograph" für entsprechende Glaubensspaltungen, vor allem eben auch für eine möglicherweise rasant fortschreitende Desintegration.[18]

Zur angesprochenen Desintegration sei hier noch einmal der Hinweis darauf genannt, dass das Kopftuch nicht nur als Zeichen eines Bekenntnisses zum Islam zu werten ist, das wäre unproblematisch, sondern auch als Zeichen der Abgrenzung gegenüber nichtmuslimischen Männern.[19]

2.3 Religion

Es ist nicht möglich eine genaue Anzahl der Gegenwartsreligionen zu nennen. Schon daraus ergibt sich das Problem einer normativ juristischen Behandlung von Religionen. Die Religionswissenschaft versucht Religionen nach wissenschaftlichen Kriterien zu kategorisieren. Dieses Unternehmen stößt schon bei der Definition dessen, was Religion ist, auf unüberwindliche Hindernisse.

2.3.1 Definition

Es ist bisher noch nicht gelungen eine allgemein gültige Definition für das Phänomen Religion zu finden. Obwohl es etliche Versuche gibt, kommt auf jede Konkretisierung mindestens eine weitere, die der ersten widerspricht. Angesichts der Komplexität dessen, was Religion umfasst, ist es auch nicht weiter verwunderlich. Eine Definition, die auf die monotheistischen Religionen wie das Judentum, das Christentum und den Islam zutrifft, wäre für den Hinduismus mit dessen nicht überschaubarem Götterpantheon ebenso wenig zutreffend wie für den Buddhismus als einer Religion ohne Gottheit. Es lassen sich aber zwei Kategorien von Religionsverständnis ausmachen, das substanzialistische Religionsverständnis und

18 vgl. Horst Dreier in: Dreier/Hilgendorf, 2008, S. 24.

19 Der ägyptische Literaturwissenschaftler Nasr Hamid Abu Zaid wurde wegen seiner Schriften der Apostasie beschuldigt und als Nichtmuslim in einem sich anschließenden Gerichtsverfahren von seiner Frau zwangsgeschieden.

das funktionalistische Religionsverständnis. Substanzialistische Ansätze bestimmen das „Gemeinsame" der Religionen in bestimmten Inhalten beziehungsweise versuchen eine gemeinsame „Substanz" zu finden. Das funktionalistische Religionsverständnis geht der Frage nach was Religion tut, wie sie das Leben der Individuen und Kollektive beeinflusst.[20] Für diese Arbeit nähere ich mich dem Islam von der Seite des funktionalistischen Verständnisses.

2.4 Das Neutralitätsgebot

Der Staat muss sich in Bezug auf die Wahrheitsfrage den Religionen gegenüber neutral verhalten. Hier fehlt schlicht die Kompetenz zu einer Entscheidung, welche der unüberschaubar vielen Religionen die Wahrheit für sich in Anspruch nehmen kann. Muss sich der Staat aber auch derjenigen Religion gegenüber neutral verhalten deren Ethos er die Basis seines inneren Zusammenhalts verdankt? Oder ist es vielmehr richtig zum Schutz dieses Zusammenhalts diese Religion zu stützen.

> Vom säkularen Staat kann und muss *weltanschaulich-religiöse* Neutralität gefordert und konzeptionell umgesetzt werden; er kann aber nicht auf *kulturelle*[21] Neutralität verpflichtet werden.[22]
>
> Ein absolut neutraler Staat ist [...] ein Grenzbegriff, der dazu dient, den Abstand zwischen dem Realen und dem Idealen zu ermessen. Warum gibt es keinen absoluten Staat? Eben weil er nicht aus dem Nichts entsteht, sondern mit einer *Kultur*[23] verknüpft ist, deren Ausdruck er ist und der er Schutz gewährt.[24]

2.5 Zusammenfassung

Meine in der Einleitung erwähnte These läßt sich in zwei Linien verfolgen. Zum einen ist dies die Linie der unscharfen Definitionen der Religionsfreiheit und der Religionsausübung, zum anderen die Linie der Kritik des Neutralitätsgebots. E.W. Böckenförde gibt in seinem oft zitierten Diktum

20 vgl. Hock, 2006, S. 10ff.
21 Hervorhebungen im Original.
22 vgl. Heimbach-Steins, 2012, S. 161.
23 Hervorhebung im Original.
24 vgl. Paul Ricœur „Toleranz, Intoleranz und das Nicht-Tolerierbare" in: Forst(Hg.), 2000, S. 34.

zu bedenken, dass der freiheitlich säkulare Staat von Voraussetzungen lebt, die er nicht garantieren kann. Diese Voraussetzungen sind in der Homogenität der Gesellschaft und der moralischen Substanz begründet. Die Homogenität einer Gesellschaft liegt in der gemeinsamen Tradition und Kultur begründet. Einwanderer aus einer anderen Kultur können integriert oder auch assimiliert werden. Während der industriellen Revolution wurden in Deutschland Angehörige anderer Nationen assimiliert. Diese Einwanderer unterschieden sich kulturell allerdings auch nicht so sehr von der einheimischen Bevölkerung wie die Einwanderer aus islamisch geprägten Ländern. Auch diese würden keine Störung der freiheitlich säkularen Grundordnung darstellen, wenn sie eine marginale Minderheit blieben oder mit den Forderungen nach Akzeptenz einer eigenen Lebensweise diejenigen der einheimischen Bevölkerung nur unwesentlich tangieren würden. Tatsächlich ist ständig die Rede von der Integrationsverweigerung der Muslime, von einer Assimilation ganz zu schweigen. Statt dessen wird eine Zunahme der Parallelgesellschaften prognostiziert. Ob das in Europa schon der Fall ist, ist Gegenstand der Arbeit. Die zweite Linie betrifft, wie schon angedeutet, das Neutralitätsgebot. Wenn die Mehrheitsbevölkerung die Überzeugung gewinnt, dass absolute Neutraltät in Verbindung mit einer überzogenen Interpretation der Religionsfreiheit einhergeht und schließlich die Grenzen der Toleranz überschreiten, kann dies zu erheblichen innenpolitischen Konflikten führen, wie dies zum Teil in einigen europäischen Ländern schon der Fall ist.

Kapitel 3 Die Sharia

> Ihr seid die trefflichste Gemeinschaft, die jemals für die Menschen geschaffen wurde. Ihr gebietet das Rechte, verbietet das Schlechte und glaubt an Gott!
>
> *(Sure 3, 110)*

> „Nach islamischer Auffassung ist das Weltall das Ergebnis eines reiflich überlegten Schöpfungsaktes. Schöpfer ist ein weises Wesen mit dem umschreibenden Namen Allah, d. h. 'Gott'[25]. Da die gesamte Schöpfung dem göttlichen Gesetz gehorcht, folgt das ganze Universum der Religion des Islam. Der Prophet und Staatsgründer Mohammed ist somit nicht Begründer des Islam, sondern der Verkünder der göttlichen Schöpfungsordnung. 'Islam' bedeutet völlige Hingabe an Gott in handelnder Ergebung. Zur Vollkommenheit und Gerechtigkeit gelangt ein Muslim nur durch strikte Beachtung der Gesetze des Islams."[26]

Das heilige Buch des Islams, der Koran, wurde in einem Zeitraum von 22 Jahren[27] - bis zum Tod Muḥammads (gest. 632 u.Z.) - offenbart. Erst auf Anweisung des dritten Kalifen, *'Uṯmān ibn 'Affān* (gest. 656 u.Z.), wurde es einer redaktionellen Überarbeitung unterzogen. Es bestehen mehrere Unsicherheiten bezüglich der Authentizität des Korans. Ein erster Hinweis findet sich bei den *abrogierten* Versen. Etliche Offenbarungen werden in einem späteren Stadium durch ergänzende oder sogar aufhebende Offenbarungen ersetzt. Dies mag zwar ein Indiz für eine Chronologie der Offenbarungen sein, lässt allerdings die Frage aufkommen, warum nicht ausschließlich gültige Verse geoffenbart wurden. Der Koran in seiner heutigen Form ist das Ergebnis eines langen Entwicklungsprozesses, eines Konglomerats mehrerer Sammlungen. Ein Beleg hierfür findet sich in den Palimpsesten, die bei Restaurierungsarbeiten an der Großen Moschee in *Sana'a* gefunden wurden. Auch dies gibt Anlass zu der Frage, ob die jetzt gültige Zusammenstellung wirklich die dem Propheten geoffenbarte ist. Letztlich gibt auch die arabische Schrift Anlass zu weiteren

---

25 Richtig muss es heißen „der Gott". Das arabische Wort für Gott ist 'ilah', zusammen mit dem Artikel 'al' wird daraus dann „Allah".

26 Christian Joachim Schäfer; in: Kern, 2000, S. 135. Nahezu gleichlautend bei Baradie, 1983, S. 19.

27 Muslime geben hier einen Zeitraum von 23 Jahren an, z.B. Korchide, 2012, S. 159.

Forschungen und Hypothesen. Die arabische Schrift ist eine sogenannte Konsonantenschrift, kurz gesprochene Vokale werden nicht geschrieben. Zu den Grundzeichen der Schrift wurden erst sukzessive diakritische Zeichen (*Punkte*) hinzugefügt, um hier Möglichkeiten der Differenzierung der Konsonanten zu schaffen. Das führt dazu, dass einige Suren mit der Aufzählung einiger Buchstaben beginnen, der Sinn dieser Kombinationen ist aber nicht bekannt.[28] Luxenberg vertritt die These, dass der Text in einer Syro-Aramäischen Lesart gelesen werden muss, um einige sogenannte „dunkle Stellen" klären zu können.[29]

3.0.1 Die Ḥadīthen

Neben dem Koran als der wichtigsten Quelle des islamischen Rechts und der Lebensführung gilt das vorbildliche Beispiel Muḥammads als nahezu gleichwertige Quelle. Nach Muḥammads Tod ließen sich gerade im Zuge der Expansion des islamischen Herrschaftsbereichs für viele Fragen des Rechts keine Antworten im Koran finden. Um hier Abhilfe zu schaffen, wurde auf tatsächliche oder angebliche Aussagen Muḥammads zurückgegriffen. Die Autorität Muḥammads wird schon durch den Koran an etlichen Stellen hervorgehoben. Der Satz "Sprich: „Gehorcht Gott und seinem Gesandten!"" findet sich zum Beispiel in den Suren 3,32; 8,1.46, um nur einige zu nennen.[30]

So entstand im Laufe der Zeit eine große und unüberschaubare Sammlung dieser Aussagen oder Berichte von Handlungen, Billigungen oder Unterlassungen, der sogenannten Hadithen.[31]

An der Echtheit etlicher dieser Überlieferungen kamen allerdings auch Zweifel auf[32]. Um diese Zweifel auszuräumen, entwickelte sich eine Wissenschaft, die *'ilm al-ḥadīṯ*, deren Ziel es war, diese Hadithen anhand bestimmter Kriterien, wie zum Beispiel der Angabe einer Kette von

28 vgl. Paret, 2001, S. 12f.

29 vgl. Luxenberg, 2000, S. 305.

30 vgl. Baradie, 1983, S. 26. Heine, 2009[, S. 42.]

31 ḥadīt. pl. aḥadīt. Tradition, Überlieferung (von Taten und Aussprüchen des Propheten und seiner Genossen) (Wehr 1985, S. 236).

32 Zur Frage der Authentizität vgl. die sehr ausführlichen Darlegungen bei Schoeler, 1996.

mindestens drei Gewährsleuten (arab.: *isnād*), sowie den Inhalt (arab.: *matn*) zu überprüfen und als starke oder schwache Hadithen einzustufen, beziehungsweise als falsch zu verwerfen.[33] Als kanonisch gelten zum Beispiel die Sammlungen des al-Buchārī (gest. 870 u.Z.) oder Muslim (gest. 875 u.Z.)[34]. Koran und Hadithen wurden somit zu den beiden Primärquellen der Scharia.

> Information about the carelessness with which even in the earliest days of islam pronouncements of ḥadīth were uttered in the name of the Prophet [...] can be contrasted with data from the same time that show great care and caution in passing on a saying as a ḥadīth of the Prophet.[35]
>
> Eine völlig wortgetreue gedächtnismässige Überlieferung (neben der allerdings eine schriftliche Überlieferung einherlief) sollte sich im religiösen Bereich nur für den Koran, das Werk mit der höchsten Autorität überhaupt, durchsetzen, und selbst da geschah dies erst nach einer (freilich kurzen) Periode der freieren Textüberlieferung.[36]

3.0.1.1 Die Bedeutung

Die islamische Tradition geht davon aus, dass sich der göttliche Wille nicht nur in der schriftlichen Form des Koran sondern auch in der Lebensführung des von ihm gesandten Propheten Mohammed geoffenbart hat. Diese Überlieferungen in eine schriftliche Form zu bringen, scheuten sich die Muslime der ersten Generation aus verschiedenen Gründen. Zum einen war dies die Furcht davor, den göttlichen Willen verbal zu formulieren und schriftlich zu fixieren, zum anderen aber auch, dadurch möglicherweise dem Koran etwas gleichwertiges zur Seite zu stellen.

> If they considered the *oral* claim that a certain saying was a *saying of the Prophet* to be alarming, how much more did they have to fear such information in written form.[37]

33 vgl. Heine, 2009, S. 43.

34 vgl. hierzu auch Bernd Radtke in: Ende/Steinbach, 2005, S. 74.

35 vgl. Ignaz Goldziher, Disputes over the status of Ḥadīth in Islam; in Motzki, 2004, S. 55.

36 vgl. Schoeler, 1996, S. 9.

37 vgl. Ignaz Goldziher, Disputes over the status of Ḥadīth in Islam; in Motzki, 2004, S. 57.

The intention was to demonstrate here that the old sayings mentioned above express certain reservations concerning ḥadīths put in writing, namely that these might develop into a kind of Mishna besides the Qur'ān.[38]

3.0.1.2 Der Aufbau

Als Beleg für die Richtigkeit eines ḥadīth gilt der Nachweis einer Kette von glaubwürdigen Gewährsleuten.

As in court proceedings, people request proof, such as witnesses or testimony on oath, that the ḥadīth is genuine. When alMughīra ibn Shu'ba tells 'Umar of the Prophet's decision concerning the fine for destroying a foetus (diyat al-jinnīn), 'Umar insists that he should produce another witness who heard the Prophet's decision: ["Bring someone who heard along with you"] (āti man yashhadu ma'aka). Mughīra is indeed able to present Muḥammad ibn Maslama. This explains the solemn introduction of ancient ḥadīth reports with oath formulas and other assurances.[39]

Unsicherheiten gibt es aber sowohl für den Nachweis der Gewährsleute als auch für den Inhalt.

Die klassische islamische hadith-Wissenschaft hat die Echtheit einer Überlieferung in erster Linie anhand des isnad, gegebenenfalls auch nach theologischen Kriterien überprüft. Da ein Isnad gefälscht sein kann, ist aus der Sicht der historischkritischen Orientalistik eine letzte Sicherheit, dass eine Überlieferung vom Propheten stammt, auf diese Weise nicht zu erreichen. Wie bereits Ignaz Goldziher im späten 19. Jahrhundert nachgewiesen hat, enthalten nicht wenige ḥadīthe anachronistisches, inhaltlich nicht in die Zeit des Propheten passendes Material und sind deshalb mit ziemlicher Sicherheit gefälscht.[40]

Der *Isnād*

Für die islamische Tradition ist der *isnād* von elementarer Bedeutung. Über die ununterbrochenen Kette von Gewährsleuten für eine Aussage Muḥammad's kann die Gültigkeit des Inhalts abgesichert werden.

Indeed, the *isnād* is said to be half the science of Tradition, because each tradition has two parts, the text (*matn*) and the *isnād* wich guarantees it.[41]

38 ebd. S. 62.
39 vgl. ebd. S. 56.
40 vgl. Berger, 2010, S. 29.
41 vgl. James Robson, The Isnād in Muslim Tradition; in Motzki, 2004, S. 163.

Der Gewährsmann muss

1. in Bezug auf seinen Glauben und sein religiöses Verhalten tadellos sein,
2. er muss vertrauenswürdig sein und vorbehaltlose Annahme finden,
3. er muss die Gewähr bringen, dass er die überlieferten Angaben richtig versteht und sie auch richtig weitergibt und
4. er muss mehr als nur einen Bericht überliefert haben

Der *matn*
Die Überlieferung selbst muss

1. eine lückenlose Kette von Gewährsmännern aufweisen,
2. sie muss ausdrücklich feststellen, dass der Gesandte Gottes Muḥhammad dies oder jenes getan oder gesagt hat und
3. sie muss einen Inhalt haben, der in die Zeit der ersten Gemeinde hineinpasst

Durch die Anwendung dieser strengen Maßstäbe konnten unzählige Überlieferungen als unzuverlässig oder nicht einwandfrei zurückgewiesen werden.

3.0.1.3 Die schiitische Variante

Nach dem plötzlichen Tod Muḥammads musste die Frage der Nachfolge der Führerschaft geklärt werden. Während eine Fraktion sich für den fähigsten unter seinen Weggefährten einsetzte, bestand eine andere Gruppe darauf, einen Blutsverwandten aus der Familie des Propheten zu benennen. Diese Gruppe, die Partei Ali's (arab: *shiat ʻali*) plädierte für den Vetter und Schwiegersohn Muḥammads, Ali. Ihm wurde das Kalifat aber erst übertragen, nachdem drei seiner Vorgänger gestorben, beziehungsweise ermordet worden waren. Allerdings blieb er nicht lange im Amt, nach Ansicht der Schiiten wurde er von *Muawiya ibn Abu Sufyan*, dem Statthalter von Syrien, um dieses Amt betrogen. Das wiederum hat zur Folge, dass die Schiiten die ersten drei der rechtgeleiteten Kalifen nicht anerkennen. Somit werden auch die sechs kanonischen Hadithensammlungen der Sunniten nicht anerkannt, sondern lediglich die vier schiitischen, die sich von den sunnitischen vor allem dadurch unterscheiden, dass ihnen als Gewährsleute für die Richtigkeit der Überlieferungen nicht die Verwandten, Frauen und Gefährten Moḥammads dienen, sondern Ali und die von ihm abstammenden schiitischen Imame.[42] Während der Ära der Buyiden entstehen im 10. und 11. Jahrhundert u.Z. die grundlegenden Werke der zwölferschiitischen Jurisprudenz, deren Basis die genannten Sammlungen der Imame sind.[43] Somit entfallen etliche Hadithe, welche auf einen der Vorgänger Ali's zurückgeführt werden können, andererseits kommen etliche hinzu, die im sunnitischen Islam nicht bekannt sind. Vielfach reichten diese Rechtsquellen für die Lösung diffiziler Probleme nicht aus, da sich für bestimmte Sachverhalte in keiner dieser Primärquellen eine Lösung finden ließ. Nach einer Phase, in der die neuen lokalen Herrscher darauf angewiesen waren, nach dem Prinzip der Vernunft (arab.: *ra'y)* zu urteilen, entwickelten sich als die wichtigsten Sekundärquellen der Konsens (arab.: *iğmā'*) und der Analogieschluss (arab.: *qiyās)*. Diese Quellen werden von den vier noch heute existierenden Rechtsschulen in unterschiedlicher Weise anerkannt.

Das bedeutet, dass nicht von „der" Sharia gesprochen werden kann, sondern nur von unterschiedlichen Auslegungen der Rechtsquellen durch die Rechtsschulen. Für die Situation in Europa ist das insofern von Interesse, als hier auch gesehen werden muss, aus welchem Kulturkreis beziehungsweise aus welcher Region die Immigranten kommen.

Bis hierher lässt sich feststellen, dass die beiden Primärquellen, der Koran und die ḥadīte, nach wissenschaftlichen Kriterien nicht als sicher zu betrachten sind. Speziell die Authentizität der *ḥadīte* wird oft in Zweifel gezogen oder sogar als gefälscht eingestuft.

3.1 Der sakrale Bereich der Sharia (Das Forum internum)

Die islamische Pflichtenlehre unterscheidet zwei Pflichtenebenen.

- Zum einen die Ebene der zwischenmenschlichen Beziehungen *(mu'āmalāt)*. Hier befinden wir uns auf der Ebene des Profanen, der Gesetzgebung und der Gesellschaftsordnung,
- zum anderen die Ebene zwischen Gott und den Menschen (*'ibādāt*), zu denen die „fünf Säulen des Islams" gehören. Dies ist der jetzt näher betrachtete Bereich des Sakralen.

42 vgl. Krämer, 2011, S. 64.
43 vgl. Halm, 2005, S. 63.

3.1.1 Die fünf Säulen des Islam

Die erste Säule ist das Glaubensbekenntnis (arab.: *šahāda*), dass es keine andere Gottheit gibt außer Allah und dass Muḥammad der Gesandte Gottes ist. Das arabische Wort „ašhadu" bedeutet: „ich bezeuge" und auch „Zeugnis ablegen, eine Zeugenaussage machen".[44]

Die zweite Säule bildet das Gebet. Für den volljährigen und geistig gesunden Muslim gehört das täglich fünfmalige Gebet zur islamischen Pflichtenlehre.

> „Verrichtet das Gebet, und gebt die Armensteuer und beugt euch mit den sich Beugenden!"
> Sure 2, 43

Die Gebetszeiten werden eingeteilt in „Gebet der Morgendämmerung, Mittagsgebet, Nachmittagsgebet, Abendgebet und Nachtgebet".

Das Fasten (arab.:s*̣aum*) im Monat Ramad. ān[45] wird als die dritte Säule bezeichnet. Die Grundeinheit des islamischen Jahres ist ein „Mondjahr". Es besteht aus 12 Monaten mit abwechselnd 29 und 30 Tagen. Die Dauer eines Mondjahres beträgt 354 Tage. Das bedeutet, dass sich der Beginn des Fastenmonats jedes Jahr um 11 Tage verschiebt. Das bedeutet eben auch, dass die Fastenzeit in den Hochsommer fallen kann und somit die Zeit, in der der Gläubige weder essen noch trinken darf, extrem heiß und sehr lang sein kann.[46]

Alle Erwachsenen und gesunden Muslime müssen von Beginn der Morgendämmerung bis Sonnenuntergang fasten. Ausgenommen sind jene, die an Altersschwäche leiden, krank sind oder Reisende sowie Schwangere

---

44 vgl. Wehr, 1985, S. 677.

45 Das ist der neunte Monat des islamischen Kalenders, er wird beendet durch das Fest des Fastenbrechens (arab.: *id al-fitr*). „O ihr, die ihr glaubt! Das Fasten ist euch vorgeschrieben, so wie es denen vorgeschrieben war, die vor euch waren - vielleicht seid ihr ja gottesfürchtig -, an abgezählten Tagen. Doch wer von euch erkrankt oder auf Reisen ist, für den ist eine Anzahl anderer Tage möglich." Sure 2, 183-184.

46 Der islamische Kalender beginnt mit dem 16. Juli 622 u.Z., dem Jahr der Auswanderung (arab.: *Hiğra*) der Muslime von Mekka nach Yathrib, dem heutigen Medina.

und stillende Frauen, Wöchnerinnen und Frauen, die ihre Monatsperiode haben. Der Monat endet mit dem „Fest des Fastenbrechens“.

Die vierte Säule bildet die jährliche Almosenabgabe (arab.: *Zakāt)*[47]. Die Summe, von der *Zakāt* gegeben wird, beträgt 2,5 Prozent des jährlichen Überschusses. *Zakāt* wird mit Reinheit, Lauterkeit, Rechtschaffenheit, Almosen, Almosensteuer übersetzt.[48]

Die fünfte und letzte Säule betrifft die Pilgerfahrt (arab.: *Ḥağğ*).

> „Siehe, das erste Haus, das für die Menschen errichtet wurde, ist das in Bekka[49] als Segen und als Leitpunkt für die Weltbewohner! In ihm sind klare Zeichen: Abrahams Platz. Wer es betritt, ist sicher. Es ist von Gott den Menschen aufgetragen, zum Haus die Pilgerfahrt zu vollziehen wer einen Weg dorthin zu finden in der Lage ist. Doch wer ungläubig ist Gott ist nicht auf die Weltbewohner angewiesen!“
> Sure 3, 96-97.

Schon in vorislamischer Zeit galt Mekka als religiöse Kultstätte und Pilgerort. Diese Pilgerfahrten wurden jedes Jahr zu einem festen Zeitpunkt durchgeführt. Damit war dreierlei verbunden:

- eine geschützte Zeit,
- ein geschützter Ort,
- ein umfangreicher Markt.

Jeder volljährige Muslim soll einmal im Leben die Pilgerfahrt zum Ursprungsort des Islams durchführen, sofern er dazu imstande ist und die Möglichkeit dazu hat. Hier in Mekka wurden die ersten Offenbarungen an den Propheten des Islams herabgesandt. In seinem letzten Lebensjahr (632 u.Z.) pilgert Muḥammad nach Mekka und vollzieht einen Ritus, der auch heute noch so vollzogen wird. Es wird zwischen der großen Pilgerfahrt an bestimmten Tagen *(8.–12. Dhu l-Hiddscha)* und der kleinen Pilgerfahrt *('Umra)* zu einem beliebigen Zeitpunkt unterschieden. Gerade zur großen

---

47 Auch hierbei handelt es sich um eine im Koran begründete Verpflichtung. „Die Almosen sind bestimmt für Arme und Bedürftige und die sich um sie kümmern; für Leute, deren Herz gewonnen werden soll; für Sklavenfreikauf und für Schuldner und für den Kampf und für den 'Sohn des Weges' - als Pflicht von Seiten Gottes.“ Sure 9, 60.

48 vgl. Wehr, 1985, S. 526.

49 (d.h. Mekka)

Wallfahrt ist der organisatorische Aufwand wegen der enormen Zahl an Teilnehmern gewaltig. Wegen Vers 97 der dritten Sure ist der Zutritt nach Mekka ausschließlich Muslimen erlaubt.

Die bis hierher vorgestellten Beispiele gehören zweifelsohne in den Bereich der grundsätzlich geschützten Religionsausübung. Der Begriff der *Religionsfreiheit* wird oftmals in dem Sinn unscharf benutzt, als er das Recht auf *Religionsausübung* beschreiben soll. In dieser Arbeit wird unter Religionsfreiheit die Freiheit verstanden, an eine überirdische Macht zu glauben oder nicht zu glauben, beziehungsweise einer Religion anzugehören, sie zu wechseln oder sich zu keiner Religion zu bekennen, somit also verstanden als positive und negative Religionsfreiheit. In diesem Sinne gehört die Religionsfreiheit in das Forum internum.[50] Die Religionsausübung ist Teil des Forum externum. Einschränkungen können sich ergeben, wenn die Religionsausübung territorial gültige Gesetze tangiert oder aber auch vorhandene einheimische Traditionen berührt. Inwieweit also eine vorislamische Tradition als religiös unabdingbar bezeichnet wird, beziehungsweise ob die Handlungen von der Mehrheitsgesellschaft toleriert werden müssen, obwohl sie den Wertvorstellungen eben dieser Mehrheitsgesellschaft zuwiderlaufen. Genau hier ergibt sich eine Grauzone, in welcher die Frage aufgeworfen wird, inwieweit die Religionsausübung noch toleriert werden kann oder nicht.[51] Wir haben es hier also mit einem Übergangsbereich vom Sakralen zum Profanen zu tun. Wie noch gezeigt werden wird beinhaltet der profane Bereich religiöse Vorschriften, die definitiv nicht zur Anwendung kommen können.

---

50 Das Forum internum (lat. für „innerer Hof/Marktplatz“ wird im westlich juristischen Sinn als Teil der individuellen Gewissensfreiheit verstanden. Demzufolge ist die Religionsfreiheit ein Individualrecht.

51 Der deutsche Philosoph Rainer Forst entwickelt in seinem Buch *Toleranz im Konflikt* verschiedene Konzeptionen von Toleranz. Er kommt dabei auch zu dem Schluss, dass es Grenzen der Toleranz gibt. Diese Grenzen auszuloten, ist Gegenstand von Diskussionen zwischen Mehrheitsgesellschaft und den in dieser Gesellschaft lebenden Minderheiten.

3.1.2 Die Speisevorschriften

Die Speisevorschriften des Islams gehören zu den Vorschriften, die den Alltag des Muslims wesentlich bestimmen und begleiten. Auf nichtmuslimischer Seite fehlt sehr oft das Verständnis für die Notwendigkeit von Speisevorschriften überhaupt, da die Gründe für diese Vorschriften nicht bekannt sind. Die Grundintention der Speisevorschriften liegt in dem Bestreben, das Leben und den Körper des Menschen zu schützen und zu erhalten. Dieser Gedanke zieht sich durch viele Bereiche des muslimischen Rechts und gehört an sich zu den Grundvorgaben des Islams. So trifft den Menschen die Verpflichtung, zumindest ein Mindestmaß an Nahrungsaufnahme aufrechtzuerhalten, auf jeden Fall in dem Maße, dass er seine Gebete wie das fünfmalige Beten am Tag oder das Fasten[52] und andere religiöse Gebote ausführen kann. Das Essen im Übermaß ist jedoch nicht geduldet, ja sogar verboten (*ḥarām*).[53]

> „Ihr Kinder Adams! Tragt euren Schmuck bei einer jeden Anbetungsstätte, und esst und trinkt, seid jedoch nicht verschwenderisch! Siehe, er liebt nicht die Verschwender."
> Sure 7, 31

Grundsätzlich sind alle Speisen und Getränke erlaubt, sofern dafür kein explizites Verbot gilt.

> „Er ist es, der für euch erschuf, was alles auf der Erde ist, der sich darauf zum Himmel erhob und ihn zu sieben Himmeln gestaltete. Er hat Wissen über alle Dinge."
> Sure 2, 29

Solange es nicht ausdrücklich verboten ist, ist somit alles erlaubt. Bezüglich der Speisevorschriften wird sogar explizit vor dem Verbot von erlaubten Speisen gewarnt:

> „Sprich: Wer hat Gottes Schmuck verboten, den er für seine Knechte hervorgebracht hat, und die guten Dinge von den Lebensgütern? Sprich: Denen sind sie

---

52 Gemeint ist hier das Fasten im Monat Ramadan, das speziell in den Sommermonaten zu großer körperlicher Anstrengung führen kann, da eine Nahrungsaufnahme erst wieder nach Sonnenuntergang erlaubt ist. Es ist allerdings auch bekannt, dass gerade im Fastenmonat mehr gegessen wird als zu irgendeiner anderen Zeit des Jahres.

53 vgl. hierzu http://karahan.net/2010/08/die-speisevorschriften-im-islam/

zugedacht, die schon im Leben hier auf Erden glauben, besonders am Tag der Auferstehung."
Sure 7, 32

Während die Spannweite des Erlaubten sehr weit ist, gibt es neben einzelnen Verboten ein generelles Verbot des Unreinen und Schädlichen. Dass der Sinn hinter diesem Verbot zweifellos im medizinisch, gesundheitlichen Bereich liegt, dürfte klar sein.

Die Speisen sind nach ihren pflanzlichen und ihren tierischen Ursprüngen getrennt zu betrachten.

Alle pflanzlichen Speisen sind grundsätzlich *ḥalāl*, d. ḥerlaubt, solange sie keine schädliche oder den Geist benebelnde Funktion haben. Der Begriff *Nedschis*[54] wird in Verbindung mit allem Unhygienischem und damit Gesundheitsgefährdendem benutzt. So können auch an sich erlaubte Speisen durch Vermischung mit Unhygienischem ihren erlaubten Charakter verlieren. Jegliches Obst und Gemüse gehört demnach grundsätzlich in den Kreis des Erlaubten, solange die oben aufgezählten Hindernisse nicht vorliegen. Speisen die den Geist benebeln und eine berauschende Wirkung haben, sind gemäß Sure 5, 90[55] (siehe Abschnitt 2.2.1.3.) verboten.

Bei tierischen Speisen wird noch einmal zwischen Wassertieren und Landtieren (einschließlich der Vögel) unterschieden.

Von den Wassertieren ist, im Unterschied zum Judentum[56], der Verzehr aller Fische erlaubt. Die Muslime stützen ihren Standpunkt auf folgende Verse:

> „Er ist es, der das Meer dienstbar machte, auf dass ihr frisches Fleisch aus ihm verzehrt und Schmuck aus ihm gewinnt um ihn zu tragen. Du siehst, dass Schiffe es durchfahren, auf dass ihr von seiner Huld zu gewinnen sucht. Vielleicht seid ihr ja dankbar."
> Sure 16, 14

---

54 arab:*naǧis* pl. *'anǧās* unrein, unsauber, schmutzig; vgl. Wehr, 1985 S. 1249.

55 "Ihr Gläubigen! Siehe, Wein, Losspiel, Opfersteine sowie Pfeile - sind ein Greuel, sind ein Werk des Satans! So meidet das, vielleicht wird's euch dann wohlergehen!"

56 Der Verzehr lebender Tiere und bestimmter tierischer Nahrungsmittel ist nicht gestattet. Verboten sind zum Beispiel Landtiere, die keine gespaltenen Huf haben oder keine Wiederkäuer sind. Ebenso verboten sind Meerestiere ohne Schuppen und Flossen. Somit gehören Schwein, Hase, viele Vogelarten, Krebse, Muscheln, Aal und Stör zu den Tieren, die nicht geschlachtet werden dürfen. Vgl. hierzu Tilly 2007, S. 210.

Von den Landtieren (inklusive Vögel) sind folgende Tiere oder Teile von ihnen ohne Zweifel verboten:

1. Schweinefleisch,
2. Blut,
3. erlaubte Tierarten, die nicht geschächtet wurden,
4. Tiere, die im Namen eines anderen als Allah geschlachtet wurden,
5. erwürgte oder durch andere Tiere gerissene Tiere,
6. durch irgendeinen anderen Tod als durch Schächten oder bei der Jagd getötete Tiere.

Durch andere Tiere gerissene Tiere dürften dennoch gegessen werden, wenn sie vor ihrem Tod noch rechtzeitig geschächtet wurden.

Dass Muslime kein Schweinefleisch essen, ist selbst denen bekannt, die ansonsten kaum etwas vom Islam wissen. Dieses Tabu wird von den meisten Muslimen weitaus strikter beachtet als jede andere religiös begründete Regel.[57]

> „Jedoch verboten hatte er euch Verendetes, Blut, Fleisch vom Schwein und das, worüber ein anderer als Gott gepriesen wurde. Doch wer dazu genötigt ist, ohne es zu wollen und ohne eine Übertretung zu begehen - der macht sich nicht schuldig. Siehe, Gott ist bereit zu vergeben, barmherzig."
> Sure 2, 173

3.1.3 Das Schächten

Da Blut nach islamischer Tradition als unrein angesehen wird, darf, wie im Judentum, nur Fleisch von „geschächteten" Tieren verzehrt werden. Diese Methode des Schlachtens führt dazu, dass das Tier nahezu vollständig ausblutet. Die muslimischen Kommentatoren begründen das Verbot des Verzehrs von Schweinefleisch damit, dass das Schwein unrein und die Lebensgewohnheiten dieses Tieres als unsauber und ekelerregend anzusehen seien. In der zweiten Hälfte des 19. Jahrhunderts wurde die Trichinose entdeckt. Von den Gelehrten wurde dies als Beleg dafür gesehen, dass der Koran Tatsachen beschreibt, die erst sehr viel später entdeckt wurden. Allerdings kann man sich auch durch den Verzehr von Fleisch anderer Tiere, welche vom Koran nicht verboten sind, gefährliche Krankheiten zuziehen. Dies

---

57 vgl. Heine, 2009, S. 110f.

kann zum Beispiel die Brucellose sein, die durch Rindfleisch, Lammfleisch oder Ziegenfleisch übertragen wird.[58] Heine zitiert auch noch andere Autoren mit weiteren Begründungen für das Verbot des Verzehrs von Schweinefleisch, auf die in dieser Arbeit jedoch nicht weiter eingegangen werden soll. Zum Problem kann dieses Speiseverbot in Einrichtungen wie Krankenhäusern, Justizvollzugsanstalten, der Polizei oder in Armeen werden, wenn hier zusätzliche Angebote geschaffen werden müssen. Zum Konflikt mit westlichen Gesellschaften kommt es lediglich dann, wenn darauf bestanden wird warmblütige Tiere ohne vorherige Betäubung zu schlachten. Wie noch gezeigt werden wird ergeben sich zur Durchsetzung dieser Forderung gelegentlich Allianzen zwischen jüdischen und islamischen Verbänden.

3.1.4 Die Feiertage

Während in Europa für alle Bewohner, Christen wie Nichtchristen, die christlichen Feste offizielle Feiertage und somit arbeitsfrei sind, hatten Muslime bisher keinen Anspruch auf Freistellung von der Arbeit während ihrer religiösen Feste.[59] Besonders gilt dies für die beiden wichtigsten religiösen Feiern, das Fest des Fastenbrechens am Ende des heiligen Monats Ramadan (*ʿîd al fitr)* und für das Opferfest zur Zeit der Pilgerfahrt.[60] Das Problem ergibt sich schon dadurch, dass sich die Termine für diese beiden Feste nach dem schon erwähnten Mondkalender richten, und somit, gemessen am Sonnenjahr, in jedem Jahr elf Tage früher beginnen. Körperlich schwere Arbeit kann bei strikter Beachtung im Hochsommer zu Arbeitsausfällen führen. Aus diesem Grund wurde dieser Bereich noch in die Gruppe der untersuchten Objekte aufgenommen.

3.1.5 Das Bestattungsritual

Jede Religion hat ihr eigenes, spezielles Bestattungsritual, so auch der Islam. Dass dies durchaus mit Konsequenzen verbunden ist, die den Regeln

58 vgl. Heine, 2009, S. 111f.

59 Zumindest galt dies in Deutschland bis zum August 2012, als für Hamburg per Staatsvertrag der Anspruch auf Freistellung von der Schule und der Arbeit an diesen Tagen geregelt wurde. Im Januar 2013 folgte dann Bremen mit einem gleichartigen Staatsvertrag. Näheres dazu in Kapitel 5.2.3.

60 vgl. Spuler-Stegemann, 2002, S. 171f.

der Mehrheitsbevölkerung in den Ländern der Europäischen Union zuwiderlaufen, soll im Verlauf der Arbeit im Detail untersucht werden. Dazu ist es zunächst einmal erforderlich, das islamische Bestattungsritual an sich zu beschreiben.

Der oder die Verstorbene muss vorbereitend rituell gewaschen werden. Diese Waschung muss nach Möglichkeit unmittelbar nach dem Tod vollzogen werden, damit der Leichnam gemäß islamischem Ritus innerhalb von 24 Stunden bestattet werden kann. Dazu wird der Leichnam mit dem Kopf in Richtung Mekka gelegt, der Körper wird dreimal gewaschen, und anschließend abgetrocknet und in weiße Tücher gehüllt. Bei einer Bestattung in einem der europäischen Länder muss darauf geachtet werden, dass die Waschung in einem neutralen Raum ohne religiöse Zeichen erfolgen kann.[61] Nachdem der Verstorbene gewaschen und in Leinen gehüllt wurde, wird der Leichnam zum Friedhof gebracht, um dort begraben zu werden. Vor der eigentlichen Beisetzung wird das vorgeschriebene Grabgebet gesprochen. Üblicherweise wird dieses Gebet von einem Imam auf dem Friedhof gesprochen.

Der Leichnam wird danach direkt in den Boden gelegt, und zwar so, dass er auf der rechten Seite liegend mit dem Gesicht nach Mekka ausgerichtet liegt. Der Islam sieht ein Begräbnis ohne Sarg vor und in einem Grab, welches mindestens 1,5 m tief ist. Da der Islam die Exhumierung verbietet, muss dort eine ewige Grabkonzession für das Grab vorgesehen werden. Sollte dies allerdings nicht möglich sein, muss die Dauer der Grabkonzession länger sein als der vollkommene Zerfall des Leichnams dauert. Für die Bestattung wird angestrebt, dass das Grab, wenn schon nicht in einem speziell eingerichteten islamischen Friedhof, so doch in einem separaten Gräberfeld liegt. Das Grab selbst soll anschließend um eine Handbreite über dem Boden erhöht werden, um als solches erkannt zu werden. Es darf mit einem Stein oder etwas ähnlichem kenntlich gemacht werden. Es ist allerdings grundsätzlich verboten, irgendetwas auf dem Grab zu bauen.[62] Zu dem bis hier Festgestellten ergeben sich im Wesentlichen drei

---

61 Gemeint ist hier insbesondere, dass weder ein Kreuz noch ein gleichartiges, nicht islamisches Symbol vorhanden ist.

62 Es gibt aber auch Ausnahmen wie zum Beispiel das Mausoleum des Ismail Samanis in Buchara.

Probleme, welche im weiteren Verlauf der Arbeit näher zu untersuchen sind. Es sind dies:

- Die Bestattung innerhalb von 24 Stunden.
- Die Forderung nach einem besonders ausgewiesenen Gräberfeld.
- Die Bestattung ohne Sarg.

Während dies für den ersten Punkt, „die Bestattung innerhalb von 24 Stunden“, je nach Mitgliedsland der Europäischen Union möglich sein mag, könnten sich sowohl für den zweiten, „die Einrichtung eines gesonderten Gräberfeldes,“[63] als auch für den dritten Punkt, „die Bestattung ohne Sarg“, möglicherweise auf Dauer Konsequenzen ergeben. Dies ist am Beispiel der einzelnen Länder zu untersuchen.

Zwischenergebnis

Die Grenze zwischen dem „forum internum“ und dem „forum externum“, also dem Bereich des Sakralen und dem Bereich des Profanen kann bei keiner Religion scharf gezogen werden. Im Fall des Islams, einer ausgesprochenen Gesetzesreligion, wird diese Grenze durch die Toleranz der jeweiligen Mehrheitsgesellschaft gezogen. Wie bis hierher gezeigt wurde, steht dem Recht auf Beachtung religiös begründeter Speisevorschriften das weltliche Recht der Tierschutzgesetze entgegen, dem Recht auf Bestattung der Toten nach islamischem Ritus stehen die weltlichen Bestimmungen der Mehrheitsgesellschaften entgegen. Letztlich finden wir in den europäischen Ländern unter den religiös geprägten Feiertagen ausschließlich solche christlichen Ursprungs. Wie weit dem Anspruch auf Anerkennung des Rechts auf freie Religionsausübung in einzelnen Ländern der Europäischen Union stattgegeben wird, soll im Weiteren detailliert untersucht werden. Zunächst jedoch wird der profane Bereich der islamischen Gesetzgebung untersucht und beschrieben. Hierzu gehört das Privatrecht, (Eherecht, Scheidungsrecht und Erbrecht) sowie das Strafrecht.

---

63 Der Islam kennt weder ein Ende der Ruhezeit, noch eine Feuerbestattung. Das bedeutet, dass eine Grabstätte kein zweites Mal genutzt werden kann. Die Einrichtung eines gesonderten Gräberfeldes bedeutet allerdings nicht automatisch die Nutzung für ewige Zeiten.

3.2 Der profane Bereich der Sharia (Das Forum Externum)

Das moderne Rechtssystem europäischer Prägung ist das Ergebnis eines langen Prozesses gesellschaftlicher und politischer Umwälzungen, an deren Ende die Säkularisierung und die Aufklärung standen.

Lag bis dahin die Aufgabe der Strafe in der Aufrechterhaltung der Würde und Autorität des auf göttlicher Stiftung beruhenden Staates, steht jetzt die Prävention durch Kodifizierung des Rechts im Vordergrund.

> „... damit im Zusammenhang stand die Auffassung von der 'Notwendigkeit' der Strafe als Vergeltung, die als Abbild der göttlichen Gerechtigkeit diesseits (Robert v. Hippel) aufgefasst wurde, als Versöhnung des Verbrechers mit Gott und Entsühnung des Volkes."[64]

Das änderte sich, als sich die Rechtslehre vom Einfluss der Theologie löste.

> „Hatte bei Carpzov noch eine religiös geprägte Vergeltungsbzw. Entsühnungslehre im Vordergrund gestanden, so zogen die Naturrechtsphilosophen aus der Säkularisierung des Denkens zunehmend die Folgerung, die Aufgabe des Strafrechts bestehe in der Verhinderung zukünftiger Verbrechen, Strafe werde also aus diesem Grunde verhängt. Dabei wurden alle Präventionszwecke, also generalpräventive und spezialpräventive, vor allem erstere in der Form der Abschreckung durch Verhängung, herangezogen."[65]

3.2.1 Das islamische Strafrecht

Im klassischen islamischen Recht werden drei Kategorien des Strafrechts unterschieden. Die koranischen ḥudūd-Strafen, die ta'zir-Strafen für die nichtkoranischen Straftatbestände, sowie der qiṣāṣ, das Talionsrecht, also den grundsätzlich privaten Ausgleich für eine schuldhafte Tötung oder Körperverletzung. Dieser Bereich gelangte in jüngster Zeit durch das Wirken sogenannter islamischer Friedensrichter in das Bewusstsein der deutschen Öffentlichkeit und Politik.[66]

Wie eingangs erwähnt, gibt es im klassischen Verständnis des islamischen Rechts kein kodifiziertes Recht, so wie es in den modernen Rechtssystemen selbstverständlich ist. Lediglich im Koran, dem heiligen Buch der

---

64 Vormbaum 2009, S. 25.
65 Vormbaum 2009, S. 26.
66 http://www.zeit.de/gesellschaft/zeitgeschehen/2012-05/ friedensrichter-islam-justiz,, gesichtet am 02.05.2012.

Muslime, werden einige Tatbestände benannt, für die zum Teil eindeutige Sanktionen definiert sind. Der Sanktionsanspruch liegt in diesen Fällen bei Gott, weil hier eine Grenze (arab.: *ḥadd pl. ḥudūd)* überschritten ist.[67] Da die Sanktion für den Konsum von Alkohol (arab.: *šurb al-hamr)* nicht eindeutig bestimmt ist,[68] werden hier nur vier Straftatbestände beschrieben.

3.2.1.1 Der Diebstahl

Die sicherlich bekannteste Sanktion ist die Amputation der Hand für den Diebstahl (arab.: *sariqa*).

> „Der Dieb und die Diebin: Schlagt ihnen die Hände ab als Vergeltung für das, was sie begangen haben, als warnendes Exempel von Gott. Gott ist mächtig, weise."
> Sure 5, 38

Schon sehr früh haben die islamischen Rechtsgelehrten hohe Hürden für die Anwendung der koranischen Strafen errichtet. Im Fall des Diebstahls gilt als wesentliche Einschränkung für den Vollzug der Strafe, dass das Diebesgut einen bestimmten Mindestwert (arab.: *niṣāb*) haben muss.[69] Der Diebstahl geringwertiger Güter, wie er heute als Mundraub bezeichnet wird, wird somit dem Bereich des *ta'zīr,* auf den im Weiteren noch eingegangen wird, zugeordnet. Die Höhe dieses Mindestwertes ist zwischen den Rechtsschulen strittig, so legt die liberale Methode der Hanafiten einen höheren Wert als Mindestwert fest als die Malikiten, Schafiiten oder Hanbaliten.[70] Uneinig sind sich die Schulen auch in der Frage, wie der Mindestwert bei mehreren aufeinanderfolgenden Diebstählen zu berechnen sei. Ob also jeder einzelne Diebstahl oder der Gesamtwert des an einem Tag entwendeten Diebesguts zu bewerten ist.[71] Ebenso unklar ist die Frage des Gewahrsams. So fallen zum Beispiel Feldfrüchte solange nicht unter die koranische Strafe, wie sie nicht in eine Scheune verbracht wurden. Religiöse Aspekte kommen ebenfalls in Betracht. Wein oder andere berauschende Getränke sowie im Islam verbotene Lebensmittel, wie zum Beispiel Schweinefleisch, gelten als nicht diebstahltauglich. Diese Liste

---

67 vgl. Rohe, 2009, S. 122.
68 siehe hierzu Kap. 2.2.1.3.
69 vgl. Rohe, 2009, S. 127.
70 ebd. S. 127.
71 vgl. Rohe, 2009, S. 128.

ließe sich noch weiter fortführen, würde aber über den Rahmen der vorliegenden Arbeit hinausgehen.

3.2.1.2 Die Unzucht

In das Bewusstsein der westlichen Öffentlichkeit tritt die Bestrafung für die Unzucht (arab.: *zinā*).

> „Der Ehebrecher und die Ehebrecherin, peitscht jeden von beiden mit hundert Peitschenhieben aus! In Gottes Religion soll euch kein Mitleid für sie beide abhalten, wenn ihr an Gott und an den Jüngsten Tag glaubt. Bei ihrer Bestrafung soll eine Gruppe von Gläubigen zugegen sein."
> Sure 24, 2

Bei diesem Delikt hat sich eine große Fülle unterschiedlicher Ansichten zu Tatbestand und Rechtsfolge herausgebildet. So ordnen einige Rechtsgelehrte nur den illegalen, vollständig vollzogenen Geschlechtsverkehr zwischen Mann und Frau dem koranischen Tatbestand zu und überlassen andere sexuelle Aktivitäten dem Bereich des *ta'zīr*.[72] Noch liberalere Rechtsgelehrte fassen ausschließlich den gleichgeschlechtlichen Verkehr ebenso wie die Sodomie darunter. Die Kombination von Koran und ḥadith führt dazu, dass die meisten Gelehrten zwischen Verheirateten und Ledigen unterscheiden. Der oder die strafmündige Verheiratete wird nach überwiegender Meinung gesteinigt.[73] Die hier aufgebaute Hürde ist prinzipiell nicht zu überwinden. Es werden vier männliche, erwachsene muslimische Augenzeugen oder ein Geständnis verlangt. In allen anderen Rechtsfragen, wie zum Beispiel bei Vertragsabschlüssen oder dem Konvertieren zum Islam, werden lediglich zwei Zeugen gefordert. Sollte es in einem Punkt Zweifel (^subha) geben, kann dies zum Ausschluss der ḥadd-Strafe führen. Für den Fall, dass ein Geständnis vorliegt, soll nach Auffassung einiger Rechtsgelehrter zur Reue aufgefordert und die Angelegenheit dem Jenseits überlassen werden[74]. Ein sicheres Indiz für die Unzucht ist die Schwangerschaft einer unverheirateten Frau. So steht zwar für die Frau das Vergehen fest, der beteiligte Mann aber kann alles abstreiten, sofern nicht die Frau

72 ebd. S. 125.
73 vgl. Rohe, 2009, S. 125.
74 ebd. S. 125.

die vier männlichen Zeugen beibringt. Sollten sich die Zeugen nicht finden lassen, so wird die Frau zusätzlich noch der Verleumdung beschuldigt.

> „Andererseits zeigen dokumentierte Fälle der Gegenwart, wie zum Beispiel Frauen in Pakistan oder Somalia nach erfolgter Vergewaltigung zusätzlich wegen fälschlicher Beschuldigung belangt werden, wenn sie - wie zu erwarten - keinen Zeugen für das an ihnen begangene Verbrechen beibringen können.“[75]

Die Hürde nicht für die Anwendung der Strafe, sondern für die Beschuldigungen selbst, findet sich in Sure 4, 15. Dort wird verlangt, dass der Tatnachweis durch die Aussage von vier männlichen erwachsenen muslimischen Augenzeugen erbracht werden muss.[76]

> „Und die von euren Frauen, die Unzucht treiben - fordert vier Zeugen von euch gegen sie! Wenn sie es dann bezeugen können, so haltet sie im Hause, bis sie der Tod hinwegnimmt oder Gott für sie einen Ausweg schafft!“
> Sure 4, 15

3.2.1.3 Die Verleumdung

Aber auch für den Fall der Verleumdung (arab.: *qadf*), also für den Fall einer unzureichenden Anzahl von Zeugenaussagen bzw. für den Fall eindeutiger Falschaussagen, ist eine definierte Strafe vorgesehen.

> „Die ehrbare Ehefrauen beschuldigen, dann aber nicht vier Zeugen beibringen, denen gebt achtzig Peitschenhiebe, und nehmt nie mehr eine Zeugenaussage von ihnen an - sie sind die verworfenen -, es sei denn, dass sie danach umkehren und sich bessern. Dann ist Gott bereit zu vergeben, barmherzig.“
> Sure 24, 2

Nach Meinung einiger Gelehrter soll der Richter Geständige zur Reue auffordern und ihnen nahe legen, die Angelegenheit dem Jenseits zu überlassen.[77]

3.2.2 ta'zir-Strafen

Diesem Bereich zugeordnet sind die nicht mit bestimmten Strafen zu sanktionierenden Delikte („Sünde“, arab.: *ma'ṣīya*) ausserhalb des *ḥudūd*.

---

75 Rohe 2009, S. 126.
76 ebd.
77 vgl. Rohe, 2009, S. 126.

Außerdem werden hier all jene Fälle erfasst, bei denen eine *ḥadd*-Strafe deshalb ausscheidet, weil ein das jeweilige Delikt betreffende spezifische Tatbestandsmerkmal nicht erfüllt ist.[78] Da für diesen Bereich keine festen normativen Vorgaben gegeben sind, wird den zuständigen Instanzen ein weitreichender Ermessensspielraum bei der Bestimmung der Tatbestände und des Strafmaßes eingeräumt. Allerdings soll die Bestrafung nach weit überwiegender Meinung, nicht jedoch nach der malikitischen Lehre, unter dem Strafmaß vergleichbarer *ḥadd*-Delikte bleiben. In späteren Zeiten finden sich abweichende Regelungen, zum Beispiel die Todesstrafe für Wiederholungstäter nach osmanischen Verwaltungsvorschriften (*qānūn-nāmeh*).[79] Wie schon an anderer Stelle erwähnt, ist das islamische Recht gerade für diesen Bereich nicht kodifiziert. Aus diesem Grund wird es auch oft mit der sogenannten *qadi*-Willkür gleichgesetzt. In den Bereich des Zivilrechts, wie es die moderne Rechtstheorie versteht, gehören unter anderem auch das Eherecht, das Scheidungsrecht und das Erbrecht. Auf diesen Feldern der Rechtsprechung kommt es häufig zu Konflikten mit dem territorialen Recht der jeweiligen Staaten. Eine Mischehe zwischen Muslimen und Christen ist nur dann zulässig, wenn der Mann Muslim und die Frau Angehörige einer Buchreligion ist, eine Ehe zwischen einem Nichtmuslim und einer Muslima gilt allgemein als verboten. Für das Verbot einer Ehe zwischen einer Muslima und einem männlichen Nichtmuslim heißt es im Koran:

> „O ihr, die ihr glaubt! Wenn gläubige Frauen als ausgewanderte zu euch kommen, so prüft sie! Gott kennt ihren Glauben sehr genau. Wenn ihr sie dann als Gläubige erkennt, so schickt sie nicht zu den Ungläubigen zurück. Sie sind den Ungläubigen nicht erlaubt und die Ungläubigen nicht ihnen."
> Sure 60, 10

Für die Erlaubnis für Muslime gilt:

> „Heute sind euch erlaubt die guten Dinge, und die Speisen derer, denen das Buch gegeben ward, sind euch erlaubt. Und eure Speisen sind ihnen erlaubt. Und die keuschen Frauen von den Gläubigen und von denen, denen das Buch schon vor euch gegeben wurde, und wenn ihr ihnen ihren Lohn gebt als keusche Männer,

78 vgl. Rohe, 2009, S. 137.
79 a.a.O.

die nicht Unzucht treiben und sich Geliebte halten. Wer den Glauben leugnet, dessen Werk ist schon verloren, er gehört im jenseits zu den Verlierern."
Sure 5, 5

Für die Ehe gilt, dass sie automatisch aufgelöst ist, wenn ein Ehepartner zum Polytheisten bzw. zum Ungläubigen wird, wenn also der Ehemann vom Islam abfällt. So wurde die Ehe des ägyptischen Wissenschaftlers Naṣr Ḥāmid Abū Zaid, er wurde wegen seiner liberalen Schriften der Apostasie bezichtigt, gegen seinen und seiner Ehefrau Willen geschieden. Der Mann kann die Ehe einseitig auflösen, indem er seine Frau entlässt oder verstößt (*ṭalāq*). Die Entlassung kann allerdings widerrufen werden, solange sie nicht dreimal wiederholt wurde. Erst wenn das der Fall ist, gilt die Ehe als rechtskräftig geschieden (*ṭalāq bain*). In einem solchen Fall darf der Mann die entlassene Frau erst dann wieder zu sich nehmen, nachdem sie einen anderen Mann geheiratet hat und von diesem wiederum rechtskräftig entlassen worden ist.[80] Zu einer gültigen Eheschließung nach islamischem Recht gehört notwendig die Zahlung einer Morgengabe (*mahr*). Diese Morgengabe kann je nach Vertrag direkt nach der Eheschließung gegeben werden, sie kann in Raten gezahlt werden oder für den Fall der Entlassung durch den Ehemann. Für eine scheidungswillige Ehefrau gelten dagegen hohe Hürden, um eine Scheidung zu erreichen. So muss die Ehefrau nachweisbare Gründe für das Scheidungsbegehren anführen. Dazu gehören zum Beispiel, dass der Mann den Unterhalt verweigert, eine schwere und unheilbare Krankheit hat oder die Verweigerung der ehelichen Pflichten durch den Mann.[81] Wenn die Frau die Scheidung beantragt, muss die Morgengabe zurückgegeben oder verweigert werden.

„Scheidung seitens der Frau.
Ist die Scheidung seitens der Frau gewollt (arabisch: *chulla*), so muss sie sich an ein Gericht oder einen Schiedsrichter wenden. Dieser kann die Ehe aufheben gegen Rückzahlung des Brautgeldes. Die Scheidung ist auch in diesem Falle von Allah das Verhassteste vom Erlaubten."[82]

Khoury führt hierzu ein *Ḥadīṯ* von *Bukhārī* an[83]

80 vgl. Khoury, 2005, S. 287.
81 vgl. Rohe, 2009, S. 218.
82 http://www.islam.de/1641.php.
83 vgl. Khoury, 2009, S. 51.

„3054 Nach Ibn 'Abbās

Die Frau des Thābit ibn Qays[84] kam zum Propheten und sagte: O Gesandter Gottes, ich kann ihm weder in Bezug auf seine Charaktereigenschaften noch in Bezug auf sein Verhalten etwas vorwerfen. Aber mir ist der Unglaube zuwider, wo nun der Islam da ist. Der Gesandte Gottes sagte: Gibst du ihm seinen Garten zurück? Sie sagte: Ja. Er sagte: Nimm den Garten an und entlasse sie einfach."

Derselbe *Ḥadīṯ* wird bei Rohe[85] angeführt, hier jedoch wird die Hässlichkeit des Mannes als Scheidungsgrund benannt. Der von Khoury angeführte Scheidungsgrund ist insofern interessant, als er den Unglauben des Ehemannes anführt, mit dem die Frau die Scheidung herbeiführen will. Es wird immer wieder betont, dass eine Eheschließung zwischen einem Nichtmuslim und einer Muslimin von vornherein ausgeschlossen ist. Für die weiteren Untersuchungen bleibt es jedoch wichtig festzuhalten, dass für den Fall, dass die Ehefrau die Scheidung beantragt, diese die Morgengabe zurückzugeben hat.

Das Talionsrecht (*qiṣās*) kann hier nur am Rande erwähnt werden, obwohl es die Ungleichbehandlung zwischen Muslimen und Nichtmuslimen sowie Männern und Frauen besonders deutlich macht. Bei diesem Recht handelt es sich um die Wiedervergeltung für vorsätzliche oder fahrlässige Körperverletzung.

„Für die Tötung eines muslimischen Mannes werden 100 Kamele oder deren Gegenwert angesetzt, für die einer muslimischen Frau die Hälfte. Umstritten ist das Wergeld für getötete Schutzbefohlene (*ḏimmis*): Manche veranschlagen denselben Betrag wie für getötete Muslime andere gestehen nur die Hälfte zu."[86]

3.2.3 Abschließende Betrachtung

Die sozioökonomische Bevölkerungsstruktur auf der arabischen Halbinsel zur Zeit der Geburt Muḥammads[87] ist im Wesentlichen geprägt von nomadisierenden Beduinenstämmen einerseits, sowie von Oasenstädten, wie Nadschran im Süden, Mekka und Yathrib, dem späteren Medina andererseits. Allen gemeinsam ist die tribale Organisation ihrer Gesellschaftsstruktur,

84 Er war ein Ungläubiger.
85 vgl. Rohe, 2009, S. 223.
86 Rohe, 2009, S. 139.
87 Die islamische Tradition nennt hier das „Jahr des Elefanten" (570/71 u.Z.).

bestehend aus dem Stamm, dem Clan und der Familie. Prägungen und Grundstrukturen finden sich in den Offenbarungen des Koran und den Überlieferungen der Hadithe wieder.

Die islamische Tradition geht davon aus, dass der Text des Korans das von dem Engel Gabriel (arab.: *dschibriel*) geoffenbarte Wort Gottes ist. Im arabischen Original wird seit der redaktionellen Bearbeitung und Zusammenstellung des Textes auf Anordnung des dritten Kalifen Utman ibn 'Affān (gest. 656 u.Z.) kein Wort mehr verändert. Differenzen im Text können lediglich in Übersetzungen auftauchen. Dennoch gibt es hinreichende Gründe, an der Authentizität des Textes, wie wir ihn vorfinden, berechtigte Zweifel anzumelden. So wurden etliche Verse im Anschluss an kritische Situationen geoffenbart.

> „Was ihr an Palmen abgeschlagen habt oder stehen gelassen bis zu den Stümpfen, das geschah mit Erlaubnis Gottes und auf das er die Ruchlosen beschäme."
> Sure 59, 5

Dieser Vers wurde geoffenbart, nachdem Muḥammad die Palmen auf den landwirtschaftlich genutzten Flächen des letzten der drei einflussreichsten jüdischen Stämme, der Banu Quraiza, hatte fällen lassen, um dem Stamm die Existenzgrundlage zu nehmen und die Angehörigen, nach längerer Belagerung ihrer Festung, somit zur Aufgabe zu zwingen. Die noch kleine Gemeinschaft der Muslime wäre durch diese Aktion fast auseinandergefallen, da es für die Wüstenbewohner nicht hinnehmbar war, dass Palmen gefällt werden. Auch die Rechtfertigung für die anschließende Vernichtung des Stammes findet sich im Koran.

> „Gott ließ die von den Buchbesitzern, die jenen geholfen hatten, von ihren Festungsbauten herunterkommen und warf in ihre Herzen Furcht und Schrecken, so dass ihr einen Teil von ihnen getötet, den anderen jedoch gefangen genommen habt."
> Sure 33, 26

Aufgrund der Reaktionen auf reale Ereignisse wurden im Laufe von 22 Jahren[88], in denen Muḥammad diese Offenbarungserlebnisse hatte, etliche Verse verstärkt, abgeschwächt oder aufgehoben. Es sind dies die sogenannten 'abrogierten' Verse. Die Verschriftlichung der Offenbarungen

88 siehe Fn 3, S. 32.

fand zunächst auf einem sehr niedrigen Niveau statt. Mit lediglich sechs Schriftzeichen wurde eine Spur (arab.: *rasm*) gelegt. Diese sechs Konsonanten ausdrückende Zeichen konnten je nach Kontext völlig unterschiedliche Lautwerte annehmen. Um hier Eindeutigkeit herzustellen, wurden erst sehr viel später die sogenannten diakritischen Punkte eingeführt. Einige Linguisten weisen somit auf das Problem der richtigen Lesart hin.[89]

Für jeden Staat gilt das territoriale Recht. Das Ziel moderner Rechtssysteme ist nicht die Rache, sondern die Prävention, und zwar Prävention durch Kodifizierung des Rechts mit einer Oberund einer Untergrenze für Sanktionen, innerhalb derer ein Gericht zu entscheiden hat und davon nicht abweichen kann. Das islamische Strafrecht ist nur für die oben dargestellten Beispiele kodifiziert. Aber auch hier hat ein Richter im Einzelfall darüber zu befinden, ob hier eine Grenze zum Sanktionsanspruch Allahs überschritten wurde oder ob die Straftat unterhalb dieser Grenze liegt und somit in den Bereich des *ta'zīr* verwiesen werden kann. Schon aus diesen Gründen kann das Strafrecht der Sharia in den Staaten der Europäischen Union keine Anwendung finden und jede Befürchtung, dieses Strafrechtssystem könnte Eingang in das Rechtssystem in einem Staat innerhalb der Europäischen Union finden, entbehrt jeglicher Grundlage. Für die Fälle des zivilrechtlichen Bereiches, des Ehe-, des Scheidungsund des Erbrechts finden sich Anweisungen zur Lösung im Koran und sind somit in der Tat kodifiziert. Dieser Bereich wird im Folgenden daraufhin untersucht, ob er mit den Grundrechten und den europäischen Menschenrechtsvorstellungen vereinbar ist oder nicht.

---

89 siehe hierzu Abschnitt 2.2.1.3.

Kapitel 4 Konflikte

> ... Diese Werte sind allen Mitgliedstaaten in einer Gesellschaft gemeinsam, die sich durch Pluralismus, Nichtdiskriminierung, Toleranz, Gerechtigkeit, Solidarität und die Gleichheit von Frauen und Männern auszeichnet.
>
> *(Art 2 des Vertrags von Lissabon)*

Im Fokus der Öffentlichkeit und der Medien steht der Islam und somit die Muslime durch diverse Erscheinungsformen. Dies sind zum Einen die das Bild der Innenstädte verändernden großzügigen Moscheebauten mit ihren weithin sichtbaren Minaretten. Das sind auch die Kopftuch tragenden Frauen die damit signalisieren, dass eine Ehe nur mit einem Muslim in Betracht kommen kann und auf diese Weise zur Bildung einer Parallelgesellschaft beitragen. Das sind zum Anderen aber auch die nahezu täglich berichteten

Anschläge sowohl gegen die eigenen Glaubensbrüder als auch gegen Gläubige anderer Religionen und hier speziell gegen Christen. Meinungsäußerungen hierzu werden dann, dem Mainstream folgend, als „Islamophobie" abgetan. Auf dieser Linie liegen die Bemühungen internationaler islamischer Organisationen, wie der *Organisation of Islamic Cooperation* (OIC), jegliche Kritik am Islam als Verstoß gegen die Menschenrechte verbieten zu lassen. In diesem Kapitel werden jetzt weniger beachtete Bereiche islamischer Aktivitäten daraufhin untersucht, welchen Einfluss sie auf die Gesetzgebungen einzelner EU-Mitgliedsländer haben.

4.1 Die Bestattung nach islamischem Ritus

Wie im vorigen Kapitel gezeigt, sind es im wesentlichen drei islamische Traditionen der Bestattung, welche in nichtislamischen Ländern auf Kritik stoßen können.

- Die Bestattung innerhalb von 24 Stunden.
- Die Forderung nach einem besonders ausgewiesenen Gräberfeld.
- Die Bestattung ohne Sarg.

Eine Bestattung innerhalb von 24 Stunden war in den untersuchten Ländern, bis auf das Vereinigte Königreich, bislang nicht möglich. Der Grund hierfür liegt in der Gefahr einer Lebendbestattung, weil der Tod nicht unmittelbar mit der erforderlichen Sicherheit festgestellt werden konnte. Um dies zu vermeiden, wird in der Regel frühestens nach 48 Stunden bestattet. In den heißen Ländern, in denen der Islam die hauptsächlich vorherrschende Religion stellt, setzt der Verwesungsprozess ungleich schneller ein, als in den klimatisch kühleren Ländern der nördlichen Halbkugel. Daraus entwickelte sich das Erfordernis einer schnellen Beisetzung. Heutige wissenschaftliche Methoden ermöglichen eine schnellere und sicherere Feststellung des Eintritts des Todes, womit eine Bestattung innerhalb der von Muslimen angestrebten 24 Stunden kein relevantes Hindernis mehr darstellt. Hier wird von muslimischer Seite eine vorislamische Tradition als religiös unabdingbar dargestellt, die aber heute akzeptiert werden kann.

4.1.1 Großbritannien

Bei dem Bestattungswesen nimmt das Vereinigte Königreich gegenüber dem kontinentalen Kerneuropa eine Sonderstellung ein. Diese Ausnahmestellung ist historisch begründet. Napoleon führte für Frankreich und später auch für das eroberte Kontinentaleuropa Friedhöfe ein, die nach wissenschaftlichen Erkenntnissen erneut belegt werden konnten. Während der Phase der industriellen Revolution im Vereinigten Königreich und der damit verbundenen Landflucht, kam es dort zu chaotischen Zuständen bei den Bestattungen. Die kirchlich geführten „churchyards" waren sehr schnell nicht mehr in der Lage die Toten aufzunehmen.[90]

> Before the advent of large municipal cemeteries, [...], burial was taken care of by the church, and the church would re-use graves. But during the Industrial Revolution people moved off the land and into cities, massively increasing the pressure on churchyards. Graves were being re-used too quickly, and there was an outcry. The solution was the Burial Act 1857,[91] which allowed interment outside churchyards – but also made the disturbance of human remains without lawful

90 http://www.christundwelt.de/themen/detail/artikel/den-toten-gehen-die-graeber-aus/, gesichtet am 08.12.2012.

91 Der komplette Text ist unter http://www.legislation.gov.uk/ukpga/1857/81/pdfs/ukpga_18570081_en.pdf zu finden, gesichtet am 18.04.2013.

authority a misdemeanour.[92] This means that public cemeteries have a maximum capacity, and now, 150 years later, we are reaching it.[93]

Während also eine Wiederbelegung der Gräber auf Friedhöfen, die kirchlichem Recht unterstehen, möglich ist, ist dies auf den kommunalen „cemeteries" nicht möglich.[94] Zusätzlich zu den bis hierher vorgestellten Möglichkeiten einer Bestattung, der Beisetzung auf den kirchlichen *churchyards* und einer Bestattung auf einem öffentlichen *Cemetery*, bietet sich die Alternative einer Beerdigung auf privatem Gelände. Diese Option findet sukzessive immer mehr Zuspruch, speziell bei den muslimischen Gemeinden. Der „Gardens of Peace" in der Nähe von London ist ein Beispiel hierfür. Dieser rein muslimische Friedhof garantiert eine Liegezeit der Verstorbenen von mindestens einer Generation,[95] somit aber keine *ewige* Ruhezeit.

> Gardens of Peace is a charity that owns freehold land for use as a muslim cemetery; its constitution forbids the use of the land for any purpose other than as a cemetery. So the concept of leases, as in other multi-denominational and council run cemeteries, does not apply. If the concern is how long will it be before the grave is recycled, then please rest assured that this will not occur at least for a generation. This is consistent with both the law and shariah.[96]

Auf etlichen kommunalen Friedhöfen werden räumlich getrennte Gräberfelder zur Verfügung gestellt, die es den Angehörigen anderer

---

92 XXV. Except in the Cases where a Body is removed from one consecrated Place of Burial to another by Faculty granted by the Ordinary for that Purpose, it shall not be lawful to remove any Body, or the Remains of any Body, which may have been interred in any Place of Burial, without Licence under the Hand of One of Her Majesty's Principal Secretaries of State, and with such Precautions as such Secretary of State may prescribe as the Condition of such Licence; and any Person who shall remove any such Body or Remains, contrary to this Enactment, or who shall neglect to observe the Precautions prescribed as the Condition of the Licence for Removal, shall, on summary Conviction before any Two Justices of the Peace, forfeit and pay for every such Offence a Sum not exceeding Ten Pounds.

93 http://www.guardian.co.uk/society/2011/may/17/nation-cemeteries-full-graves, gesichtet am 08.12.2012.

94 Siehe hierzu die ausführlichen Erläuterungen der britischen Historikerin Dr. Julie Rugg in Rugg, 2000.

95 Dies entspricht einem Zeitraum von fünfzig Jahren.

96 http://www.gardens-of-peace.org.uk/faqs.php, gesichtet am 18.04.2013.

Religionen ermöglichen ihre Toten gesondert und nach eigenem Ritus zu bestatten. Für Muslime gilt hier das Gebot der Ausrichtung der Gräber so, dass die Toten auf der rechten Seite liegend mit dem Gesicht nach Mekka beigesetzt werden. Die Beisetzung findet sharia-konform im Leinentuch statt, Ausnahmen sind lediglich aus medizinischen Gründen geboten.

> In accordance with shariah burial at the cemetery is conducted in shrouds. The only occasions on which this is varied is when medical advice or directions from the coroner are received for burial to take place in a coffin.[97]

Der Forderung nach einer Beisetzung innerhalb von 24 Stunden wird in einem „*Guide for Burial Ground Managers*“ vom November 2005 gesondert entsprochen.

> 3.8 Although most burial grounds can provide a satisfactory service by operating within normal office hours, this cannot meet the requirements of some sections of the community (such as Muslims and Jews) who will require burial facilities at short notice, seven days a week. Wherever feasible to do so, therefore, burial managers providing burial facilities for all sections of their communities should explore the demand for 'out-of-hours' working, and the costs of meeting such demands. Even where demand for 'out of hours' facilities is low, a flexible response to the occasional requirement should be planned and advertised.

Im Zusammenhang mit dem islamischen Bestattungsritus lässt sich somit zusammenfassend feststellen,

- die Bestattung nach islamischem Ritus ist grundsätzlich möglich,
- auf kommunalen Friedhöfen wird, falls erforderlich, ein gesondertes Gräberfeld für Muslime eingerichtet,[98]

---

97 ebd.

98 In einem persönlichen Kontakt des Autors mit der Historikerin Dr. Julie Rugg machte diese darauf aufmerksam, das sich die Begräbnisriten speziell bei den Muslimen, je nach Herkunftsland stark unterscheiden. Die Bestattung im Leinentuch ist auf islamischen Friedhöfen obligatorisch, Ausnahmen werden nur für den Fall einer medizinischen Anordnung akzeptiert. Die meisten Gemeinden gestatten auch die Bestattung im Leinentuch, dies ist allerdings abhängig von der Bodenbeschaffenheit. So kann es auch vorkommen, dass eine Sargbestattung zwingend erforderlich ist, um die Bildung sogenannter Wachsleichen zu vermeiden.

- die Frage nach der Zulassung einer unbegrenzten Ruhezeit stellt sich nicht, da eine Ruhezeit von der Dauer einer Generation, das entspricht einer Liegezeit von fünfzig Jahren, als regulär betrachtet wird,[99]
- der Forderung zur Beisetzung innerhalb von 24 Stunden wird in einem entsprechenden Ratgeber entsprochen.

Hierzu sei auch auf eine im Anhang befindliche, per E-Mail erteilte ausführliche Antwort eines Mitglieds der Friedhofsverwaltung des „Gardens of Peace“ an den Verfasser verwiesen.

4.1.2 Frankreich

Die französische Rechtsprechung verbietet die Anlage von Friedhöfen für nur eine Religionsgemeinschaft.[100] Grundsätzlich muss jeder Friedhof

---

99 Eine Veröffentlichung unter dem Titel BURIAL LAW AND POLICY IN THE 21st CENTURY: THE NEED FOR A SENSITIVE AND SUSTAINABLE APPROACH vom November 2004 deutet hier ein Umdenken bei der Liegedauer auf kommunalen „Cemeteries“ an. Wegen der Sensitivität des Problemfeldes ist bis zum Abschluss der Recherche aber noch keine wesentliche Änderung erfolgt.

100 In Frankreich werden jüdische Bestattungen seit 1810 dank der bürgerlichen Gleichstellung von Juden im Zuge der Französischen Revolution nicht mehr auf separaten Arealen, sondern im Verband von Kommunalfriedhöfen durchgeführt. Während die jüdischen Gemeinden zunächst versuchten, auch innerhalb dieser öffentlichen Bestattungsareale eigene Bereiche für ausschliesslich jüdische Beerdigungen zu bewahren und diese gegenüber den nichtjüdischen Friedhofsteilen abzugrenzen bzw. einzufrieden, so [sic] entstanden im Zuge der weitläufigen Akkulturationstendenzen des 19. Jahrhunderts auch jüdische Grabstätten inmitten nichtjüdischer Gräberensembles, und die Einfriedungsmauern der jüdischen Gruppen wurden abgebrochen. Wie die Beispiele der grossen Kommunalfriedhöfe von Paris - Père Lachaise, Montmartre und Montparnasse zeigen, befinden sich die jüdischen Gräbergruppen trotz, oder vielleicht gerade wegen der weitgehenden Integration in die Gesamtanlagen der Kommunalfriedhöfe in ausgezeichnetem Zustand: Die örtlichen Verwaltungen machen in Sanierung und Pflege keinen Unterschied zwischen christlichen und jüdischen Friedhofsteilen. Dies mag mit dem ausserordentlich hohen touristischen Interesse an den genannten Orten zusammenhängen. Die mittelalterlichen Pariser jüdischen Friedhöfe hingegen sind zerstört, es existieren aber bedeutende Überreste, vor allem jene in der Rue de la Harpe. Ausserdem sind zwei Areale aus dem 18. Jahrhundert teilweise erhalten,

offen für alle Religionen sein. In sehr vielen Gemeinden werden auf den kommunalen Friedhöfen spezielle Parzellen, „Carrés musulmans“, für Muslime eingerichtet. Die Beisetzung muss immer im Sarg erfolgen. Eine Ausnahme der französischen Gesetzgebung bildet das Elsass.[101] Anders als im übrigen Frankreich gilt hier noch das Konkordat von 1801.[102] Das hat zur Folge, dass das Verbot der ausschließlichen Nutzung durch nur eine Religionsgemeinschaft entfällt. Im Februar 2012 wurde in Straßburg ein rein muslimischer Friedhof eingeweiht. Die Errichtung dieses Friedhofs wurde zudem von der Stadt mit 800.000 Euro unterstützt. Das ca. 1 Hektar große Gelände bietet Platz für 1.000 Grabstellen. Für die rituellen Waschungen wurde eine kleine Halle gebaut. Bis zu diesem Zeitpunkt reservierte die Stadt auf den acht kommunalen Friedhöfen Parzellen für Gräber der Muslime.[103]

4.1.3 Deutschland

In der Bundesrepublik Deutschland können nur *Körperschaften des öffentlichen Rechts* Friedhöfe einrichten und betreiben (Friedhofsträger). Das bedeutet, dass islamische Bestattungen zum Zeitpunkt dieser Recherche lediglich innerhalb bestehender Friedhöfe auf ausgewiesenen Grabfeldern zulässig sind. Das Bestattungsrecht ist Ländersache. Die

---

die in der kurzen Periode zwischen 1780 und 1810 belegt worden sind: der zwischen Wohnauslagen [sic] der 1960er Jahre eingebettete, vernachlässigte kleine Portugiesenfriedhof von la Villette in der Rue de Flandre, sowie der aschkenasische Friedhof von Montrouge. http://www.davidkultur.at/ausgabe.php?ausg=82&artikel=55 gesichtet am 01.01.2013.

101 frz. Alsace.

102 Das Konkordat vom 15. Juli 1801 war ein Staatskirchenvertrag zwischen Frankreich und dem Heiligen Stuhl. Napoleon beendete damit den geistig-weltlichen Kampf mit der katholischen Kirche in seinem Sinne. Ein Ergebnis des Konkordats war, dass die Autorität Napoleons gestärkt wurde. Außerdem schuf es eine Ordnung des kirchlichen Lebens bis zur radikalen Trennung von Staat und Kirche 1905 und diente als Vorbild für andere Kirchen und Länder. Im Elsass und in Lothringen ist es noch heute gültig, da diese Gebiete 1905 nicht zu Frankreich gehörten und das für sie neue Recht nicht übernahmen.

103 http://www.welt.de/politik/ausland/article13794137/ Frankreich-errichtet-ersten-Friedhof-fuer-Muslime.html gesichtet am 22.04.2014.

einzelnen Gesetze weisen in Bezug auf die islamische Bestattung zum Teil erhebliche Unterschiede auf. Gemeinsam war allen lediglich der früheste Zeitpunkt einer Bestattung von 48 Stunden nach Feststellung des Todes. Diese Zeitspanne sollte verhindern, dass Scheintote bestattet werden. Aufgrund des medizinischen Fortschritts gilt das als überholt. Obwohl in der Bundesrepublik Deutschland soviel Raum zur Verfügung steht, dass sogenannte

„Überhangflächen" entstehen, was wiederum den Friedhofsträgern Probleme bereitet,[104] legen etliche Muslime, speziell der ersten Generation fest, dass ihr Leichnam in das jeweilige Herkunftsland überführt werden soll. Die alevitische Gemeinde in Deutschland gibt mit Stand 2010 an, dass sich 70 Prozent ihrer Gläubigen in die Heimatländer überführen ließen.[105] Das hängt mit den gegebenen Einschränkungen in Deutschland zusammen, die eine rein islamische Bestattung selten zulassen. Die Gesetze der Länder geben lediglich jeweils allgemein gehaltene Auskunft darüber, ob eine Bestattung nur im Sarg oder auch im Leinentuch zulässig ist oder nicht,[106] beziehungsweise wie die Ruhezeit zu regeln ist. Letztlich bestimmt aber der Friedhofsträger in den Kommunen, wie im Einzelnen verfahren werden kann.

4.1.4 Spanien

Obwohl sich die Zahl der in Spanien lebenden Muslime in den Jahren von 2004 bis 2007 verdoppelte, gab es bis zum Jahr 2007 lediglich 24 islamische Friedhöfe, wobei 14 davon speziell reservierte Grabfelder auf

104 Näheres hierzu auf www.friedhofskultur.de.

105 http://www.alevitische-bestattungen.de/aleviten-in-deutschland.php, gesichtet am 18.04.2013.

106 Keine Aussage zur Bestattung im Leinentuch finden sich in den Gesetzen der Bundesländer Bayern, Brandenburg, Bremen, Hessen und Mecklenburg-Vorpommern. Erlaubt ist die Bestattung im Leinentuch, dies teils mit Einschränkungen, in den Bundesländern Berlin, Hamburg, Niedersachsen, NRW, Saarland, Schleswig-Holstein und Thüringen. Baden-Württemberg hat im Jahr 2014 eine Änderung der Gesetzgebung nicht nur im Bereich der Sargpflicht vollzogen, die Bestattung ist jetzt auch nach der Leichenschau zulässig.

kommunalen Friedhöfen waren.[107] Während des Spanischen Bürgerkriegs wurden Friedhöfe für die auf Francos Seite kämpfenden marokkanischen Soldaten angelegt. Einige dieser Friedhöfe werden auch weiterhin für islamische Bestattungen genutzt. Gemäß Artikel 2.5 der Vereinbarung von 1992 werden Friedhöfe steuerlich wie Moscheen betrachtet, das bedeutet, dass sie von der Grundsteuer befreit sind. Die weitaus meisten Muslime möchten allerdings in ihren Herkunftsländern beerdigt werden. Einen Monat vor der Veröffentlichung der Verfassung wurden im November 1978 die Kommunen per Gesetz verpflichtet, die Möglichkeit einer Bestattung ohne jegliche Diskriminierung, unabhängig von der Religion des Verstorbenen, sicher zu stellen.[108] Das Gesetz über die Religionsfreiheit garantiert in Artikel 2.1b eine Beisetzung nach den Regeln der jeweiligen Religion. Ferner wird mit diesem Gesetz nach Art 2.5 die Umbettung von einem kommunalen Friedhof auf einen eigenen islamischen Friedhof innerhalb dieser Kommune gestattet, oder von Kommunen ohne islamischen Friedhof auf einen islamischen Friedhof einer anderen Kommune.[109] Generell ist die Beisetzung im Leinentuch möglich. Einschränkungen ergeben sich lediglich durch Bestimmungen des Dekrets 95/2001 vom 03. Mai 2001. Diese Einschränkungen werden mit der Möglichkeit der Kontaminierung des Bodens oder des Grundwassers auf Grund bestimmter prämortaler Krankheiten wie z.B. die Creutzfeldt-Jakob Krankheit, Carbunco (Anthrax), Cholera und anderen begründet.[110]

4.1.5 Niederlande

Die niederländische Gesetzgebung gibt den Religionsgemeinschaften einen größtmöglichen Handlungsspielraum. Das gilt auch für die verschiedenen Bestattungsformen.

107 http://www.euro-islam.info/2010/03/08/islam-in-spain/gesichtet am 07.02.2013.
108 LEY 49/1978 DE 3 DE NOVIEMBRE DE ENTERRAMIENTO EN CEMENTE- RIOS MUNICIPALES (BOE de 7 de noviembre).
109 LA LEY ORGANICA DE LIBERTAD RELIGIOSA, 7/1980 de 5 de julio.
110 Decreto 95/2001, de 3 de abril, por el que se aprueba el Reglamento de policía sanitaria mortuoria (BOJA n° 50 de 3-5-01).

„[...]the Netherlands, allows for a wide variety of cemeteries. Primarily regulated by one national burial law, the "Corpse Disposal Act," cemeteries can be public or private."[111]

Immerhin zwei Drittel aller Friedhöfe fallen unter die Kategorie der besonderen Begräbnisstätten (*bijzondere begraafplaatsen*), worunter explizit konfessionelle Friedhöfe oder auch private Friedhöfe zu verstehen sind. Das erste Bestattungsgesetz von 1869 sichert im Art. 19 den verschiedenen Denominationen das Recht auf eigene Friedhöfe, beziehungsweise falls diese sich keine eigenen Friedhöfe leisten können, so zumindest eigene Parzellen auf anderen öffentlichen Friedhöfen zu. Um die Kosten für die Gemeinden gering zu halten, erlaubte der Gesetzgeber die Einrichtung öffentlicher Friedhöfe direkt im Anschluss an konfessionell gebundene Friedhöfe.

„The outcome is a burial domain with a wide range of burial options, including different confessional graveyards, confessional parcels on public cemeteries, but thus also municipal parcels on confessional cemeteries."[112]

Ausgehend von einer Anzahl von ca. 1 Million Muslimen wurde dennoch im Jahr 2007 erst *ein* rein islamischer Friedhof in Almere eingerichtet, und auf lediglich 70 öffentlichen Friedhöfen finden sich islamische Begräbnisfelder. In den Niederlanden führt das Recht auf eigene Begräbnisplätze zu der Situation, dass zum Beispiel auf dem Friedhof Westduin, in Den Haag, sieben verschiedene islamische Begräbnisfelder eingerichtet sind.

„An example can be found in The Hague where, since 1994, seven different mosque associations each have their own grave field on the municipal graveyard of Westduin. There are explicit separate sections for Sunni, Shi'a, and Ahmadiyya Muslims; a hedge separates the Shi'a and Sunni sections. Access to each section can only occur with permission from the responsible religious association and they can arrange the graves differently, to their liking."[113]

Dies muss wiederum als Beleg für die Eigenständigkeit innerhalb muslimischer Glaubensrichtungen gesehen werden. In Amsterdam stellt sich die

111 Rosemarie van den Breemer/Marcel Maussen (2012): On the Viability of State- Church Models: Muslim Burial and Mosque Building in France and the Netherlands, Journal of Immigrant/Refugee Studies, 10:3, 279-298.

112 ebd. Seite 283.

113 ebd. Seite 286.

Situation völlig anders dar. Hier wird ein islamisches Gräberfeld von Muslimen aller Richtungen genutzt.

> „In The Hague, the municipality argued that confessional sections are a religious right as stated in the burial law and so, the municipality reasoned, Islam could not be conceived of as one church community, just as all Christians could not be seen as belonging to one church community. In Amsterdam, by contrast, a recently inaugurated large section is open to all Muslims.“[114]

Der Art. 16 des Bestattungsgesetzes von 1991[115] schreibt vor, dass eine Bestattung frühestens 36 Stunden nach Eintritt des Todes vorgenommen werden darf.[116] Eine Bestattung ohne Sarg ist nach Art. 8 dieses Gesetzes hingegen möglich.[117]

4.2 Die Speisevorschriften

4.2.1 Großbritannien

Während in etlichen Mitgliedsstaaten der Europäischen Union das islamisch rituelle Schlachten nur unter bestimmten Bedingungen erlaubt ist, wenn es nicht generell verboten ist, so ist dies im Vereinigten Königreich nicht der Fall. Hier konnte sich eine regelrechte Industrie entwickeln. Die Firma *Euro Quality Lambs Limited* gibt auf ihrer Homepage[118] an, wöchentlich bis zu 15.000 Lämmer und Schafe strikt nach islamischem Ritus zu verarbeiten. Der Export erfolgt dann in jene Länder, in welchen das Schächten verboten, beziehungsweise restriktiven Vorschriften unterworfen ist.

4.2.2 Frankreich

Während des Wahlkampfes 2012 behauptete die Kandidatin des *Front National (FN)* Marie le Pen, dass in den Schlachtereien der Umgebung von Paris ausschließlich nach islamischen Regeln geschlachtet würde und dies

---

114 ebd.

115 http://wetten.overheid.nl/BWBR0005009/geldigheidsdatum_28-01-2013 gesichtet am 28.04.2013.

116 Artikel 16 Begraving of crematie geschiedt niet eerder dan 36 uren na het overlijden en uiterlijk op de zesde werkdag na het overlijden.

117 Op de kist of op een ander omhulse [...] Das niederländische Wort „omhulse“ kann mit *Umhüllung* übersetzt werden.

118 http://www.euroqualitylambs.eu/de/.

nicht immer als *halal* gekennzeichnet sei. Überdies würden die Tiere ohne vorherige Betäubung getötet.[119] Dabei bezieht sie sich auf einen Bericht des Fernsehsenders *France 2*. Der Sender zeigte des Weiteren auf, dass wesentlich mehr Fleisch nach dieser Methode erzeugt würde, als es für die französischen Muslime erforderlich wäre.

4.2.3 Deutschland

Das betäubungslose Schächten aus religiösen Gründen war Muslimen 1995 vom Bundesverwaltungsgericht untersagt worden, weil der Islam den Verzehr von bluthaltigem Fleisch nicht *zwingend* verbiete und somit kein Anspruch auf eine Ausnahmegenehmigung gemäß § 4a Abs. 2 Nr. 2 TierSchG[120] gegeben sei. Aufgrund dieser Rechtsprechung wurde einem türkischen Staatsbürger, der den Beruf des Metzgers ausübt, die Ausnahmegenehmigung verweigert. Hiergegen erhob er Verfassungsbeschwerde. Dieser Beschwerde gab das Bundesverfassungsgericht mit Urteil vom 15.01.2002 statt. Somit müssen Behörden Ausnahmegenehmigungen erteilen, wenn ein Antragsteller persönlich der Überzeugung ist, dass sein Glaube das Schächten ohne vorherige Betäubung des Tieres erfordert.[121]

Bis dahin wurde in Deutschland noch nicht zwischen dem betäubungslosen Schächten und dem nach einer Betäubung unterschieden. Der Artikel 20a GG wurde mit Gesetz vom 27.10.1994 eingefügt und mit Gesetz vom 26.07.2002 dahingehend geändert, dass die Worte „und die

---

119 www.reutersreprints.com. gesichtet am 08.12.12.

120 § 4a TierSchG
(1) Ein warmblütiges Tier darf nur geschlachtet werden, wenn es vor Beginn des Blutentzugs betäubt worden ist. (2) Abweichend von Absatz 1 bedarf es keiner Betäubung, wenn 1. sie bei Notschlachtungen nach den gegebenen Umständen nicht möglich ist, 2. die zuständige Behörde eine Ausnahmegenehmigung für ein Schlachten ohne Betäubung (Schächten) erteilt hat; sie darf die Ausnahmegenehmigung nur insoweit erteilen, als es erforderlich ist, den Bedürfnissen von Angehörigen bestimmter Religionsgemeinschaften im Geltungsbereich dieses Gesetzes zu entsprechen, denen zwingende Vorschriften ihrer Religionsgemeinschaft das Schächten vorschreiben oder den Genuss von Fleisch nicht geschächteter Tiere untersagen oder [...].

121 http://www.bverfg.de/entscheidungen/rs20020115_1bvr178399.html Das Bundesverfassungsgericht macht hier Art. 2 Abs. 1 i.V.m. Art 4 Abs. 1 und 2 GG geltend.

Tiere"[122]eingefügt wurden.[123] Mit Bezug auf diese Gesetzesänderung wurde einem türkischen Metzger vom Land Hessen wiederum die Ausnahmegenehmigung für das betäubungslose Schächten verweigert. Als dieser wieder den Verwaltungsrechtsweg beschritt, erfolgte durch den 3. Senat des Bundesverwaltungsgerichts am 23.11.2006 ein Urteil, welches festlegt, dass zu prüfen sei, ob die ausnahmsweise zu erteilende Erlaubnis zum betäubungslosen Schlachten mit Art. 20a GG zu vereinbaren sei.

> Die Aufnahme des Tierschutzes als Staatsziel in Art. 20a GG schließt es nicht aus, einem muslimischen Metzger eine Ausnahmegenehmigung nach § 4a Abs. 2 Nr. 2 Alt 2 TierSchG zum betäubungslosen Schlachten (Schächten) von Rindern und Schafen zu erteilen, um seine Kunden entsprechend ihrer Glaubensüberzeugung mit Fleisch zu versorgen. Auf der Grundlage von § 4a Abs. 2 Nr. 2 TierSchG ist der erforderliche Ausgleich zwischen dem zur Staatszielbestimmung erhobenen Tierschutz und den betroffenen Grundrechten weiterhin so herzustellen, dass beide Wirkung entfalten können.[124]

Im Juli 2007 wurde vom Bundesrat ein Gesetzesentwurf eingebracht, in dem die Anforderungen an die Ausnahmegenehmigung zum betäubungslosen Schlachten von Tieren, dem sogenannten Schächten, verschärft werden sollten. Dieser war aber wegen des Ablaufs der 16. Wahlperiode jedoch der Diskontinuität unterfallen, sodass ein gleichlautender Gesetzesentwurf am 12.02.2010 erneut eingebracht wurde.[125]

> Zur Absicht des Bundesrates, dass der Antragsteller nachzuweisen hat, dass das Schächten dem Tier im Vergleich zum Schlachten mit vorheriger Betäubung keine zusätzlichen erheblichen Schmerzen oder Leiden verursacht, äußerte sich die Bundesregierung in ihrer Stellungnahme vom 24. März 2010 wie folgt: „... erscheint dies verfassungsrechtlich im Hinblick auf die Einhaltung des Verhältnismäßigkeitsgrundsatzes gleichfalls bedenklich. Das Erfordernis dieses Nachweises durch den Antragsteller lässt das Grundrecht auf Religionsfreiheit aus Artikel 4 GG weitgehend leer laufen, da dieser Nachweis nicht erbracht werden kann."[126]

---

122 Artikel 20a GG Der Staat schützt auch in Verantwortung für die künftigen Generationen die natürlichen Lebensgrundlagen und die Tiere im Rahmen der verfassungsmäßigen Ordnung durch die Gesetzgebung und nach Maßgabe von Gesetz und Recht durch die vollziehende Gewalt und die Rechtsprechung.

123 Siehe hierzu BT-Drucks. 14/8860 S. 3.

124 Urteil des 3. Senats vom 23. November 2006 - BVerwG 3 C 30.05

125 BT-Drucks. 901/09 (Beschluss).

126 Tierschutzbericht der Bundesregierung 2011 S. 20f.

Bis hierher sind zwei Dinge bemerkenswert:

1. Der Islam wird nicht in seiner Gesamtheit als Religionsgemeinschaft gesehen, schon kleine spontan gebildete Gemeinschaften können als Religionsgemeinschaft anerkannt werden.

   [...], dass sich die Versagung einer Schächtgenehmigung aus der Perspektive des Antragstellers als schwerwiegender Grundrechtseingriff darstellt, sofern gerade „zwingende Vorschriften" der betreffenden Religionsgemeinschaft ein betäubungsloses Schlachten vorschreiben. Ob diese „zwingenden Vorschriften" gegeben sind, haben die Behörden und im Streitfall die Gerichte als Tatbestandsvoraussetzung für die begehrte Ausnahmegenehmigung zu prüfen und zu entscheiden. Der Bezugspunkt für diese Prüfung ist ausschließlich im Lichte des Artikels 4 GG zu ermitteln und müssen daher bei einer Religion wie z. B. dem Islam, der zum Schächtgebot unterschiedliche Auffassungen vertritt, nicht notwendig der Islam insgesamt oder die sunnitischen oder schiitischen Glaubensrichtungen dieser Religion sein. Dadurch können allerdings unter Hinweis auf die Religionsfreiheit bestehende territoriale Gesetze ignoriert werden.

2. Die Begriffe „Religionsfreiheit" und „Religionsausübung" verschmelzen zum Begriff der „Religions(ausübungs)freiheit".

   Auf der anderen Seite stehen die verschiedenen Religionsgemeinschaften. Sie können sich auf die *Religions(ausübungs)freiheit* berufen, so wie sie in Artikel 4 Absatz 1 und Absatz 2 des Grundgesetzes (GG) zum Ausdruck kommt.[127]

4.2.4 Spanien

Ein großer Teil der Vereinbarung zwischen der spanischen Regierung und der bereits erwähnten *Comisión Islámica de España* bezieht sich auf das Schächten, also das Schlachten von Tieren nach religiösen Geboten. Dazu wurden folgende Bestimmungen vereinbart:

- Nur registrierte Betriebe dürfen die Bezeichnung HALAL verwenden.[128]
- Es muss sichergestellt werden, dass nur unter hygienisch einwandfreien Bedingungen geschlachtet wird und diese den gültigen Normen entsprechen.[129]

---

127 a.a.O.

128 Artículo 14. 1. De acuerdo con la dimensión espiritual y las particularidades específicas de la Ley Islámica, la denominación «Halal» sirve para distinguir los productos alimentarios elaborados de acuerdo con la misma.

129 3. El sacrificio de animales que se realice de acuerdo con las Leyes Islámicas, deberá respetar la normativa sanitaria vigente.

- In Einrichtungen wie Krankenhäusern, Justizvollzugsanstalten und beim Militär wird versucht, die Zeiten der Speiseneinnahme nach dem Ramadan einzurichten.[130]

In der Vereinbarung findet sich kein Verbot des Schächtens ohne vorherige Betäubung. Im Jahr 2003 meldete das im Jahr 1986 gegründete „Instituto Halal" ein Signet zum Patent an, mit dem künftig Produkte, welche HALAL sind, gekennzeichnet werden sollen.[131]

4.2.5 Niederlande

Dass es den Muslimen unter den Einwanderern ermöglicht wurde, in den Niederlanden nach den Regeln ihrer Religion zu leben, ist im Wesentlichen der niederländischen Versäulungstradition geschuldet. Unter Berufung auf das Gleichheitsprinzip konnten die Muslime ihre Rechte geltend machen. Ein Beispiel für muslimische Institutionen und Gebräuche, welche im Zuge dieser Gleichheitspolitik anerkannt wurden, ist zum Beispiel das Schlachten von Vieh nach islamischem Ritus. Von der allgemein gültigen Regel, dass ein Schlachttier vor dem Schlachten betäubt werden muss, durfte schon 1977 beim Schlachten nach dem islamischen Ritus abgewichen werden. Das galt allerdings vorher auch schon für das Schlachten nach dem jüdischen Ritus.[132] Einem im Juni 2011 gestellten Antrag der beiden Abgeordneten der *Partei für die Tiere* (PvdD) zufolge, sollte das betäubungslose Schächten von Tieren wieder verboten werden. Diesem Antrag stimmte die Mehrheit der 150 Abgeordneten der zweiten Kammer[133] mit 116 Stimmen

---

130 4. La alimentación de los internados en centros o establecimientos públicos y dependencias militares, y la de los alumnos musulmanes de los centros docentes públicos y privados concertados que lo soliciten, se procurará adecuar a los preceptos religiosos islámicos, así como el horario de comidas durante el mes de ayuno (Ramadán).

131 www.institutohalal.com/.

132 vgl. Wielenga/Taute, 2004, S. 334.

133 Das Parlament heißt Generalstaaten und umfasst den Senat und die Zweite Kammer, die Abgeordnetenkammer. Im Senat sitzen 75 Vertreter der Provinzparlamente, welche Gesetze annehmen oder ablehnen, aber sie nicht ändern können. Die 150 Abgeordneten der Zweiten Kammer werden alle vier Jahre vom Volk gewählt. Im Anschluss daran erkundet ein „Informateur" in Gesprächen mit den Parteien, welche Koalitionsregierung möglich ist. Bis

zu. Unterstützung fand der Antrag unter anderem durch die Stimmen der *Sozialdemokraten*, der *Linken* und der *Grünen*.[134] Auf Grund massiver Interventionen des Sprechers der jüdischen Gemeinde von Amsterdam, Ronnie Eisenmann, von Vertretern der islamischen Organisationen und auch aus dem Ausland, unter anderem aus Israel und den USA, lehnte der Senat ziemlich genau ein Jahr später den Gesetzesentwurf ab.

> „Dutch Agriculture Minister Hans Bleker signed an agreement with Jewish and Muslim religious leaders and slaughterhouses which will prevent a ban on ritual slaughter. Under the agreement signed Tuesday, animals can continue to be ritually slaughtered as long as they lose consciousness within 40 seconds of their throats being cut. After 40 seconds they must be stunned, which is prohibited under both Jewish and Islamic law. The agreement comes following Animal Rights Party leader Marianne Thieme withdrawal last December of a bill that would have required stunning of all animals before slaughtering, after a majority of senators expressed their objection to the ban on kosher slaughter, or shechitah. The measure had passed the lower house of the Dutch parliament in June 2011. Dutch law had required animals to be stunned before slaughter but made an exception for Muslim halaal and Jewish shechitah. The Animal Rights Party says that more than two million animals are ritually slaughtered. The European Union requires animals to be stunned before slaughter but makes exceptions for religiously mandated ritual slaughter.“[135]

4.3 Die Feiertage

In Europa bilden die nicht christlichen Religionen die Minderheit. Offizielle, religiöse Feiertage entstammen ausschließlich dem christlichen Umfeld.

4.3.1 Großbritannien

Im Vereinigten Königreich kann es aber in Stadtteilen mit überwiegend islamischer Bevölkerung vorkommen, dass die muslimisch geführten Geschäfte an diesen Tagen geschlossen bleiben.

2012 wurde dieser Informateur von dem Staatsoberhaupt bestimmt. Seit 2013 wählen die Abgeordneten der Zweiten Kammer auf Basis der Vorschläge der Fraktionsvorsitzenden einen Informateur. Ein zweiter Beauftragter informiert die Regierung, die von der Zweiten Kammer bestätigt werden muss. Die Minister sind dem Abgeordnetenhaus gegenüber verantwortlich.

134 Frankfurter Allgemeine vom 29.06.2011.

135 http://www.virtualjerusalem.com/judaism.php?Itemid=7119. gesichtet am 08.01.2013.

Eid al-Fitr is not a bank holiday in the United Kingdom. However, many Islamic businesses and organizations may alter their business hours during this event. There may be some congestions around mosques around this time of the year.[136]

4.3.2 Frankreich

Offiziell gibt es in Frankreich keine islamischen Feiertage. Als gesetzliche Feiertage gelten neben den staatlichen Feiertagen, wie dem Tag der Arbeit am 1. Mai oder dem Nationalfeiertag am 14. Juli, ausschließlich christliche Feste. Die Daten von neun islamischen Feiertagen werden für jedes Jahr veröffentlicht.[137] Dessen ungeachtet gibt es aber durchaus Diskussionen, wie man den anderen Religionen, hier im besonderen dem Judentum und dem Islam, gerecht werden kann.

> „Während der Präsidentschaftswahlen hatte die Kandidatin der Grünen, Eva Joly, bereits die Gewährung von eigenen gesetzlichen Feiertagen für Juden und Muslimen gefordert. Was allerdings auf die Skepsis der religiösen Führer dieser Gemeinschaften stieß. Bischof Bernard Podvin, Sprecher der katholischen Bischofskonferenz von Frankreich, reagierte jetzt auch ablehnend auf den neuen Vorschlag, weil ‘die religiöse Deutung der Feiertage eine falsche Konzeption des Republikgedankens ist’ und betont, dass die Feiertage durch die Republik, in Funktion einer Geschichte und einer Tradition, geschaffen wurden.“[138]

4.3.3 Deutschland

Der Politiker von „Bündnis 90/Die Grünen“, Hans-Christian Ströbele, erregte im Jahr 2004 Aufsehen mit dem Vorschlag, einen christlichen Feiertag durch einen islamischen Feiertag zu ersetzen. Parteiübergreifend, selbst aus dem eigenen Lager, erntete er dafür heftige Kritik.[139] Am 16. August 2012 titelte „Focus-Online“ mit der Schlagzeile „Hamburg führt islamische Feiertage ein.“[140] Tatsächlich geht aus dem Vertrag zwischen

---

136 http://www.timeanddate.com/holidays/uk/eid-al-fitr gesichtet am 18.04.2013.

137 http://www.feiertagskalender.ch/islamic.php?geo=&jahr=2013&klasse=\ gesichtet am 04.12.12.

138 http://hpd.de/node/13673 gesichtet am 04.12.12.

139 http://www.faz.net/aktuell/politik/muslimischer-feiertag-[...]vom 16.11.2004 gesichtet am 18.04.2013.

140 http://http://www.focus.de/politik/deutschland/vertraege-mit-verbaenden-hamburg-fuehrt-rein-islamische-feiertage-ein_aid_801270.html gesichtet am 08.12.2012.

der Hansestadt Hamburg und den muslimischen Verbänden *der DITIB, der Schura – Rat der Islamischen Gemeinschaften in Hamburg* und des *Verbandes der Islamischen Kulturzentren (VIKZ)* sowie der *Alevitischen Gemeinde Deutschland* hervor, dass die höchsten muslimischen Feiertage *das Opferfest, Ramadan und Aschura* wie kirchliche Feiertage behandelt werden sollen.[141] Das bedeutet, dass die muslimischen Arbeitnehmer an diesen Tagen Anspruch darauf haben, für die Feierlichkeiten freigestellt zu werden, diesen Tag aber nacharbeiten oder dafür Urlaub in Anspruch nehmen müssen. Schüler sind an diesen Tagen vom Unterricht befreit. Im Januar 2013 wurde ein gleichartiger Vertrag zwischen der Freien und Hansestadt Bremen und muslimischen Verbänden geschlossen. Es ist wohl nur noch eine Frage der Zeit, wann diese Regelung auch in den anderen Bundesländern greift, zumal die Vertreter der großen christlichen Kirchen in Deutschland diesen Vertrag ausdrücklich begrüßen.[142]

4.3.4 Spanien

Die Feiertagsregelung erfolgte durch die Vereinbarung zwischen dem Staat und der islamischen Kommission.[143] Anerkannt werden die folgenden muslimischen Festtage:

- al-Hidschra (arab.: *hiğra*) (Tag der Auswanderung von Mekka nach Medina, Beginn der islamischen Zeitrechnung.)
- Aschura (arab.: *'āšūrā'*) (Der 10. Tag des ersten Monats im islamischen Jahr.)[144]

---

141 Für die Auswahl der muslimischen Verbände wurde eigens ein Gutachten von der Religionswissenschaftlerin Prof. Dr. Gritt Klinkhammer vom Institut für Religionswissenschaft und Religionspädagogik der Universität Bremen erstellt.

142 http://nachrichten.rp-online.de/titelseite/kirchen-begruessen-islamfeiertag-1.2954218, gesichtet am 08.12.2012.

143 Siehe hierzu Art. 12 der Vereinbarung. (Acuerdo de Cooperación del Estado español con la Comisión Islámica de España).

144 Die Schiiten begehen diesen Tag als den Todestag des Prophetenenkels Hussain in der Schlacht bei Kerbela. Auch von Sunniten wird dieser Tag entsprechend begangen.

- al-Maulid (Geburtstag des Propheten.)[145]
- idu l-fitr (arab.: *'Idu l-Fiṭr*) (Fest des Fastenbrechens am Ende des Monats Ramadan.)
- idu l-adha (arab.: 'Īd al-'Ad. ḥá) (Das Opferfest.)[146]

Die angegebenen Feiertage können durch andere gesetzliche Feiertage ersetzt werden. Auch hier müssen beide Seiten zustimmen. Die Schüler werden an diesen Tagen auf Antrag vom Unterricht befreit. Bei wichtigen Prüfungen kann auf Antrag der Termin verschoben werden.

Ein Anspruch besteht auf die Möglichkeit zur Teilnahme am Freitagsgebet von 13:30 – 16:30. Im Ramadan kann eine Stunde vor Sonnenuntergang die Arbeit eingestellt werden, die dadurch versäumten Arbeitszeiten müssen später nachgeholt werden. In jedem Fall müssen aber sowohl der Arbeitgeber als auch der Arbeitnehmer mit dieser Regelung einverstanden sein.

4.3.5 Niederlande

Offiziell gibt es, außer den „weltlichen“ Nationalfeiertagen, in den Niederlanden nur christliche Feiertage. Eine Debatte über die Frage, ob auch ein islamischer Feiertag (*Eid ul-Fitr*) in die Liste der offiziellen Feiertage aufgenommen werden könne, endete mit der Ablehnung der konservativen und rechtspopulistischen Parteien.

> „Recently, there has been some debate about whether or not Eid ul-Fitr is a Muslim holiday that marks the end of Ramadan, should be considered a public holiday. This proposal was met with heavy opposition from some political parties, most importantly the PVV (Partij voor de Vrijheid, Party for Freedom, a right-wing political party founded by Geert Wilders) and SGP (Staatkundig Gereformeerde Partij, Political Reformed Party, an orthodox Protestant Dutch political party), although many other parties had no problems with it. Those opposed to the proposal claim that there are enough national holidays as it is. For now, Eid is not an official national holiday, but it usually justifies a day off for Islamic employees.“[147]

---

145 Der Geburtstag ist nicht bekannt, die islamische Tradition feiert ihn am 12. Tag des dritten Monats des islamischen Kalenders.

146 An diesem Tag wird des Propheten Abraham gedacht, der seinen Sohn opfern wollte.

147 http://www.hollandexpatcenter.com/themes/culture-leisure/holidays/national-holidays/ gesichtet am 16.01.2013.

Ob Arbeitnehmer an den islamischen Festtagen freigestellt werden können oder einen Anspruch darauf haben, hängt im Wesentlichen von den abgeschlossenen Tarifverträgen ab. Ist kein solcher Vertrag geschlossen, gibt es grundsätzlich keinen Anspruch auf Beurlaubung, da, wie schon erwähnt, diese Feiertage nicht zu den gesetzlichen oder nationalen Feiertagen zählen. Im anderen Fall kann der Vertrag einen Urlaub mit Bezahlung oder Urlaub ohne Bezahlung vorsehen. Eine weitere, in einem Vertrag geregelte Möglichkeit wäre dann noch der Tausch mit einem christlichen Feiertag. Diese Möglichkeiten werden im Übrigen auch den Hindus für das *Lichtfest* oder den Juden für das *Chanukka-Fest* eröffnet.[148]

Schulpflichtige Kinder können auf schriftlichen Antrag der Eltern oder, falls sie volljährig sind, auf eigenen Antrag an die Schulleitung freigestellt werden.[149]

4.4 Das Privatrecht

Dieser Bereich beschreibt das Eherecht, das Scheidungsrecht, das Erbrecht und das Adoptionsrecht. In diesen Zusammenhang gehört aber auch das islamische Verbot einer Ehe zwischen einer Muslima und einem Nichtmuslim. Insgesamt kollidieren hier islamische mit europäischen Menschenrechtsvorstellungen.[150]

4.4.1 Großbritannien

Das britische Rechtssystem bildet insofern eine Besonderheit, als es in der Rechtstheorie als ein „Fallrecht" *(case law)* bezeichnet wird. Das bedeutet, dass sich die Rechtsprechung auf Präzedenzfälle stützt. Dies steht im Gegensatz zum römischen Rechtssystem, wie es zum Beispiel in Deutschland,

148 http://www.rendement.nl/salaris/nieuws/id8109-suikerfeest-kost/-meestal-een-vakantiedag.html gesichtet am 02.02.2013.

149 http://www.leerplicht.net/antwoord-op-uw-vragen/mag-mijn-kind-vrij-om-het-suikerfeest-te-vi.html gesichtet am 02.02.2013.

150 Unter „europäischen Menschenrechtsvorstellungen" wird hier die Allgemeine Erklärung der Menschenrechte wie sie in der 'Resolution 217 A (III) der Generalversammlung der UN vom 10. Dezember 1948' niedergelegt ist.

Frankreich und anderen europäischen Staaten angewendet wird.[151] Die britische Verfassung, sofern man von einer Verfassung im üblichen Sinn sprechen kann, denn ein Verfassungsdokument gibt es nicht, stützt sich im Wesentlichen auf zwei Prinzipien: die *Rule of Law*, also die Gesetzesbindung staatlichen Handelns sowie die Parlamentssouveränität. Alle Gesetze können durch eine einfache Mehrheit im Parlament aufgehoben oder verändert werden. Das britische System gilt somit als besonders flexibel und rasch an sich verändernde Situationen angleichbar.

Das zweite Prinzip der britischen Verfassung, neben der genannten Bindung staatlichen Handelns an Gesetze, ist die Parlamentssouveränität. Das Parlament verabschiedet die Gesetze und kontrolliert allein die Gesetzgebung, ist dabei selbst aber nicht an einen übergeordneten Verfassungstext gebunden. Das Parlament, nicht das Volk, ist der Verfassungsgeber. Ein Verfassungsgericht, welches diese Parlamentsentscheidungen revidieren könnte, existiert nicht und ist auch ohne ein Verfassungsdokument nicht denkbar.[152] Die sicherlich gravierendsten Spannungen zwischen dem göttlichen Recht der Sharia und dem menschlichen Recht kommen durch das *Privatrecht* zum Tragen. Auch wenn die Mehrheitsbevölkerung durch das islamische Ehe-, Scheidungsoder Erbrecht nicht direkt betroffen ist, die Rechtssubjekte sind immer selbst Muslime, so widerspricht doch die regelmäßige Benachteiligung der Frauen elementaren Menschenrechtsauffassungen.

Am 31. Januar 1997 trat der Arbitration Act 1996 für England, Wales und Nordirland in Kraft.

> „Maßgebliche Antriebsfeder für die Schaffung des Arbitration Act 1996 waren Befürchtungen, England bzw. London könnte als Schiedsort insbesondere hinsichtlich internationaler Schiedsverfahren an Attraktivität verlieren, würde der bisherige, in vielerlei Hinsicht nicht mehr im Einklang mit modernen

---

151 „Die Rechtsprechung der Obergerichte in England entwickelte sich langsam von Fall zu Fall. Aber die alten Präzedenzfälle wurden immer weiter mitgeschleppt. Zum Beispiel im Deliktsrecht. Noch im 17. Jahrhundert unterschieden sie beim *writ of trespass* nicht zwischen Vorsatz und Fahrlässigkeit, während die Fälle der diesem *writ* entsprechenden *action on the case* allmählich ausgeweitet wurden." (Wesel 2010 S. 340).

152 [vgl.]Bundeszentrale für politische Bildung, Bonn, Informationen zur politischen Bildung (Heft 262).

schiedsverfahrensrechtlichen Prinzipien stehende und für juristisch nicht geschulte Parteien und Schiedsrichter kaum noch zugängliche Rechtszustand beibehalten werden.“[153]

Die sehr ausführliche Arbeit von Anselm zeigt, dass die eigentliche Intention des Arbitration Act 1996 darin lag, die britischen Handelsinteressen den internationalen Erfordernissen anzupassen. Dennoch wurde der Arbitration Act von muslimischen Verbänden für die Einrichtung der *„Sharia Courts“* genutzt.

> „Sheikh Faiz-ul-Aqtab Siddiqi, whose Muslim Arbitration Tribunal runs the courts, said he had taken advantage of a clause in the Arbitration Act 1996. Under the act, the sharia courts are classified as arbitration tribunals. The rulings of arbitration tribunals are binding in law, provided that both parties in the dispute agree to give it the power to rule on their case. Siddiqi said: ‘We realised that under the Arbitration Act we can make rulings which can be enforced by county and high courts. The act allows disputes to be resolved using alternatives like tribunals. This method is called alternative dispute resolution, which for Muslims is what the sharia courts are.’“[154]

Am 7. Februar 2008 hielt der Erzbischof von Canterbury, Dr. Rowan Williams, vor den *Royal Courts of Justice* eine Rede mit dem Titel “Civil and Religious Law in England: a Religious Perspective“, in welcher er auf die Notwendigkeit hinwies, Teile der Sharia in Großbritannien gelten zu lassen.

Die Reaktionen auf diese Rede waren außerordentlich deutlich und scharf.

> „The man doesn’t even have the courage of his lack of convictions. Far from defending what he actually said about sharia law, the Archbishop of Canterbury is fighting to save his job by frantically back-tracking and claiming he has been misunderstood. It was all got up by the tabloids… no-one actually read the lecture… people have jumped to the wrong conclusion from a few misleading headlines. Ye gods. What planet is he living on? Everyone heard what the man actually said on the World at One; by now, many have heroically ploughed through his lecture as well. It is the words that he actually uttered that have caused unprecedented numbers to take to their keyboards in outrage. And it is the words that he actually uttered that make the statement on his website attempting to justify himself,

153 vgl. Anselm, 2004, S. 1f.

154 www.timesonline.co.uk/tol/news/uk/crime/article4749183.ece gesichtet am 18.04.2013.

written in the third person by an anonymous apparatchik at Lambeth Palace, disingenuous to the point of being seriously misleading.

The statement says: The Archbishop made no proposals for sharia in either the lecture or the interview, and certainly did not call for its introduction as some kind of parallel jurisdiction to the civil law. Instead, in the interview, rather than proposing a parallel system of law, he observed that 'as a matter of fact certain provisions of sharia are already recognised in our society and under our law'. When the question was put to him that: 'the application of sharia in certain circumstances if we want to achieve this cohesion and take seriously peoples' religion seems unavoidable', he indicated his assent.“[155]

Tatsächlich aber spricht er hier von der vom Staat schon länger tolerierten Praxis, dass Muslime in zivilrechtlichen Rechtsmaterien (Ehe-, Familien-, Erbschaftsangelegenheiten) Entscheidungen nach islamischem Recht *freiwillig* suchen können, z.B. bei den seit 1982 agierenden sogenannten *Islamic Shari'a Councils*. Jetzt soll lediglich eine offizielle Anerkennung des dort gesprochenen Sharia-Rechts durch den britischen Staat hinzukommen. Diese sei sogar „unvermeidlich“ (unavoidable). Muslime sollen die Rechtsprechung für bestimmte Rechtsmaterien wählen können. Williams nennt ausdrücklich das Eherecht, finanzielle Angelegenheiten und Konfliktschlichtung.

Das *Muslim Arbitration Tribunal* gibt die folgenden Tätigkeitsfelder für die *Shari'a Courts* an:

- Forced Marriages,
- Domestic Violence,
- Family Disputes,
- Forced Marriage (Civil Protection) Act 2007,
- Notes to the Forced Marriage (Civil Protection) Act 2007,
- Commercial and Debt Disputes,
- Inheritance Disputes,
- Mosque Disputes.[156]

Die beratende Versammlung *Islamic Sharia Council* betrachtet sich als stabilisierender Faktor innerhalb der britisch-muslimischen Gemeinschaft. Nach Aussage des Councils sind islamische Institutionen essentiell wichtig

155 http://www.spectator.co.uk/melaniephillips/495671/ dhimmi-or-just-dim.thtml gesichtet am 18.04.2013.

156 http://www.matribunal.com/ gesichtet am 18.04.2013.

für das Leben in nichtislamischen Ländern. Einrichtungen wie Moscheen, Schulen, Universitäten und Banken mit islamischem Bankensystem ohne Zinsen - bewahren die islamische Identität und erzeugen eine schützende Umgebung für die dort lebenden Muslime.

> „The Islamic Shari'a Council is an authoritative body, consisting of a panel of scholars, representing many established institutions in the UK, including: The scholars representing these centres represent all major schools of thought among the Sunnis. The Council is also widely accepted by the UK Muslim community and this is shown by the sheer volume of enquiries related to marital problems which it receives from the general UK public: additionally, a significant number of solicitors who were able only to secure civil divorces for their clients have found recourse with the Council regarding also securing Islamic divorces for their respective clients."

Nach eigener Darstellung vertritt das *Islamic Sharia Council* folgende Schiedsgerichte in verschiedenen Städten wie:

1. London Central Mosque and Islamic Cultural Centre, London,
2. Muslim World League, London,
3. Markazi Jamiat Ahl-e-Hadith, UK, London,
4. UK Islamic Mission, London,
5. D'awatul Islam, UK, London,
6. Jamia Mosque and Islamic Centre, Birmingham,
7. Islamic Centre, Glasgow,
8. Islamic Centre, Didsbury, Manchester,
9. Jamia Masjid Hanafiya, Bradford,
10. Muslim Welfare House, London,
11. East London Mosque.

> „By April 2002, the Council had dealt with almost four thousand five hundred cases presented to it. The majority of these cases concern divorce, where the wife has obtained a British divorce which is not accepted by the husband, who considers such a divorce to be unacceptable with no bearing upon his right as a husband. As a result, the wife does not feel completely free to enter into another marriage before obtaining an Islamic Talaq. If there is a positive response from the husband, the Council will reason with him assuring him the return of his financial claim under the agreement of Khul'a, after which the Islamic divorce is granted. A great relief for the wife who is now free Islamically, to start a new life."[157]

157 http://www.islamic-sharia.org/index.php?option=com_content&task=view&id=13&Itemid=28 gesichtet am 18.04.2013.

Hier wird deutlich, dass zunächst nur der Ehemann das Recht hat, die Scheidung auszusprechen. Wird die Scheidung von der Ehefrau gewünscht, gelten hier die Regeln des „*khula*."

„What is Khul'a?

1. The situation in which the wife initiates divorce proceedings is known as Khul'a. Once the husband agrees to divorce her in exchange for some money or the remission of her dower, the divorce is known as Talaq. It is valid as the Talaq given by the man of his own initiative. Khul'a depends upon the agreement reached between the two parties. If the husband agrees to give Talaq provided that his wife either abandon her right to the dower (if the dower has not yet been paid) or return back the amount of the dower to the husband (if the dower had been paid). In the time of the Prophet (SAWS), the wife of Thabit bin Qais (RA), asked for Talaq from her husband because she did not like him. The Prophet (SAWS) asked her to return back to him the garden he gave to her at the time of marriage as dower. She accepted this demand and got the Talaq.
2. Once the husband agrees to Khul'a, he is asked to pronounce TALAQ in exchange for the above-mentioned.

Khul'a case - what are the factors taken into consideration to decide a case?

1. In a Khul'a case, the wife is required to return the dowry (money, jewelry, land etc.) to the husband. If the husband agrees to divorce in exchange of dowry, the Khul'a divorce is deemed to be completed. If he does not agree the Council may issue divorce as an authoritative body work in the capacity of an Islamic Court.
2. Whether it is a Khul'a case or divorce, certain conditions are required to be met by both parties:
   a. The custody of the child: Normally a minor child remains with the mother until the age of 7 when the child is given the option to remain either with the mother or father. In some cases in particular the judge can use his discretion to allow one of the spouses to have custody. The spouses are required to accept the Islamic ruling in the matter of custody as long as they accept the Islamic ruling on divorce.
   b. If the divorced woman remarries while the child is still under 7, the custody of the child goes to the next close relative to the woman like her mother or her sister and if no such relations are found or compatible then the custody goes to the women on the father's side.
   c. Whether the child stays with the mother or the father the other party must have a full right to see the child on agreed terms. If any of the parties is reluctant for the other party to see the child on a regular basis the council regrets not to proceed with the application of divorce.
   d. In Khul'a cases the woman should accede the Council decisions about returning the dowry as explained above, but the matter related to the division

of the property or any other assets are not taken by the Council. The parties can refer to the Civil Courts to get their rights.

e. The husband is required to pay the full dowry to the woman if he is the one who initiated the divorce proceeding.“[158]

Drehund Angelpunkt für das *Islamic Sharia Council* im Fall der Scheidung ist die Brautgabe (arab.: *mahr*). Das Recht auf Scheidung steht im klassisch-islamischen Recht nur dem Mann zu. Wenn der Mann die Scheidung ausspricht *(talaq)* behält die Frau die Brautgabe. Die Frau muss Gründe für eine beantragte Scheidung anführen, in jedem Fall aber die *mahr* zurückerstatten beziehungsweise auf die Restzahlung verzichten.[159] Auch wird immer wieder hervorgehoben, dass beide Seiten mit der Scheidung nach islamischem Recht einverstanden sein müssen. Es ist aber zu vermuten, dass Frauen auch durch sozialen Druck gezwungen sind, einer solchen Trennung zuzustimmen. Für den 8. August 2008 kündigte das *Muslim Parliament U.K.* die Veröffentlichung eines Musterkontrakts für Eheschließungen nach islamischem Recht an.

> „Press release Muslim Institute to launch model Muslim Marriage Contract The Muslim Institute, Britain's foremost Muslim think-tank, is to launch a new standard marriage contract (nikah) for British Muslims wishing to marry under Muslim law. The launch will take place on 8 August 2008, at 6.45pm at the City Circle, Abrar House, 45 Crawford Place, London W1H 4LP.
>
> The new standard contract reflects a consensus effort to protect the rights of both parties to a Muslim nikah (non-registry marriage) and that are guaranteed under the Shari'ah. The contract has been drafted after lengthy consultations with religious leaders, community organisations and women's groups across the country, and comes with guidelines to facilitate its use.
>
> In particular, the new contract provides women entering a Muslim marriage with written proof of their marriage and of the terms and conditions agreed between the spouses. In the absence of such proof, women have faced particular difficulties in securing the financial rights guaranteed to them under the Shari'a upon divorce.“[160]

Dieser Mustervertrag enthält mehrere in jeder Hinsicht bemerkenswerte Details. So ist für die Eheschließung auch weiterhin die Anwesenheit

158 http://www.islamic-sharia.org/index.php?option=com_content&task=view&id=13&Itemid=28 gesichtet am 18.04.2013.

159 Formulare für jeden Fall im Anhang.

160 http://www.muslimparliament.org.uk/release.htm gesichtet am 18.04.2013.

von zwei Zeugen erforderlich, diese müssen aber nicht mehr zwangsläufig Muslime sein, sondern lediglich von „gutem Leumund“.

> „The contract also requires "two adult witnesses of good character". In today's multi-cultural Britain women and non-Muslims must be recognised as just as capable of providing a reputable guarantee that the marriage took place and of the terms and conditions the couple agreed upon.“[161]

So finden sich auf der einen Seite eine konservative Organisation, *Islamic Sharia Council,* und auf der anderen Seite eine progressive Organisation, das *Muslim Parliament U.K.,* innerhalb dieses weiten Spektrums agieren mindestens 85 weitere *Sharia Courts.*

> „A network called the Islamic Sharia Council, run from a converted corner shop in Leyton, operates 13 tribunals in the UK. The Association of Muslim Lawyers runs another three. There are three other formal councils, making 19. But there are other informal councils dotted around the country whose existence can be imputed from online fatwa sites at least 66, if Civitas is correct, though the fact is that no one knows exactly how many there are.“
> THE INDEPENDENT vom 30. Juni 2009.

Das verdeutlicht einerseits die enorme Vielfalt der muslimischen Verbände, andererseits aber auch die Schwierigkeit, eine für den Dialog mit der Regierung zuständige Organisation zu finden.

4.4.2 Frankreich

Die Verstoßung der Ehefrau (arab.: *talaq*), darunter ist die Auflösung der ehelichen Bindung zu verstehen, kann in dieser Form nur einseitig vom Ehemann ausgesprochen werden. Die Ehefrau kann nur unter ganz bestimmten Bedingungen die Auflösung der Ehe in die Wege leiten. Grundsätzlich wird diese Art der Ehescheidung in Frankreich nicht anerkannt und ist ungültig, eine Ausnahmeregelung gilt hier für die Marokkaner, die sich auf einen marokkanisch–französischen Vertrag vom 10.08.1981 berufen können.[162]

Obwohl die Polygamie in Frankreich verboten ist, existiert sie und wächst sogar. Der *code civil* bestimmt im Art. 147, dass die Eheschließung zwischen einem Mann und einer Frau verboten ist, wenn einer

161 Der Kontrakt als Anlage im Anhang.
162 vgl. von Krosigk, 2000, S. 63.

der beiden bereits verheiratet ist. Der frühere französische Innenminister Pasqua erließ am 24. August 1993 ein Gesetz, nachdem die französischen polygamen Eheleute verpflichtet werden, sich scheiden zu lassen oder das Land zu verlassen, da ihre Aufenthaltsgenehmigung nicht erneuert würde.

„En France, le code civil précise, dans son article 147, qu'un mariage avec un homme ou une femme déjà marié(e) est prohibé. La seule union légale est donc le premier mariage, seul autorisé. Tout autre mariage ultérieur, sans divorce ou veuvage, étant considéré comme nul et pénalement répréhensible. Selon la loi Pasqua du 24 août 1993, les polygames français sont dans l'obligation de divorcer et de ne plus habiter ensemble, ou de quitter le territoire, faute de ne pas se voir renouveler leur carte de séjour."[163]

Nach einer im Jahr 1995 veröffentlichten Studie existieren ca. 10.000 Haushalte in polygamer Lebensgemeinschaft. Diese Situation betrifft in erster Linie die Muslime aus Mali und Algerien. Das französische Strafrecht sieht im Artikel 433-20 für die Polygamie eine Freiheitsstrafe von einem Jahr und 45.000 Euro Strafe vor. Der Entzug der französischen Staatsbürgerschaft ist allerdings nicht vorgesehen.

„Le code pénal définit, dans son article 433-20, la polygamie comme le 'fait pour une personne engagée dans les liens du mariage d'en contracter un autre avant la dissolution du précédent'. C'est un délit sanctionné par une peine d'un an d'emprisonnement et de 45 000 euros d'amende. En aucun cas cependant, la polygamie n'est inscrite dans le code civil comme pouvant entraîner la déchéance de la nationalité française. Pas plus que la fraude aux prestations familiales ou la fraude fiscale d'ailleurs."[164]

Somit gab es für den Antrag des damaligen Innenministers, Claude Guéant, keine rechtliche Grundlage für den Entzug der Staatsbürgerschaft. Dennoch belegen diese Beispiele, in welchem Dilemma sich die französische Regierung befindet, um der Laïcité zu genügen, dies bei zunehmendem religiösen Pluralismus.

---

163 http://www.suite101.fr/content/situation-et-legislation-de-la-\ polygamie-en-france-a11528 gesichtet am 27.07.11.

164 http://www.suite101.fr/content/situation-et-\legislation-de-la-polygamie-en-france-a11528 gesichtet am 27.07.11.

4.4.3 Deutschland

Bis zum Jahr 2009 war eine kirchliche Trauung nur nach vorheriger Eheschließung vor einem Standesamt möglich. Bis dahin galten die §§ 67 und 67a des Personenstandgesetzes (PStG), die Zuwiderhandlungen als Ordnungswidrigkeiten behandelten.[165]

Viele Reaktionen auf diese zunächst kaum registrierte Änderung des Gesetzes, durch einfache Aufhebung der Paragraphen, deuteten gerade für den Bereich islamischer Ehen die Möglichkeit der sogenannten Imam-Ehen an. Dies mit der Konsequenz, dass eine polygame Lebensgemeinschaft geschlossen werden kann, ohne Sanktionen befürchten zu müssen. Bei all diesen Einwänden blieb unberücksichtigt, dass solche Art der Eheschließung im juristischen Sprachgebrauch als „Nichtehe" gewertet wird und im Falle einer Trennung der beiden Partner ohne jegliche rechtliche Auswirkung bliebe. Das wiederum veranlasste nicht nur die beiden christlichen Kirchen zur Darstellung eindeutiger Positionen, die zum Beispiel die kirchliche Trauung in der katholischen Kirche nur in Ausnahmefällen ohne vorherige zivilrechtliche Trauung zulässt. Eine solche Ausnahmegenehmigung kann nur durch den örtlichen Bischof erteilt werden. In gleicher Weise äußern sich auch die Vertreter der evangelischen Kirchen. Von Bedeutung im Zusammenhang mit dieser Arbeit sind Reaktionen auf islamischer Seite, die ebenfalls eine islamische Trauung nur dann durchführen wollen, wenn zuvor die Ehe vor einem Standesbeamten geschlossen wurde. Exemplarisch sei hier die Anforderung des „Islamischen Zentrums Hamburg" genannt.

165 § 67 Wer eine kirchliche Trauung oder die religiösen Feierlichkeiten einer Eheschließung vornimmt, ohne dass zuvor die Verlobten vor dem Standesamt erklärt haben, die Ehe miteinander eingehen zu wollen, begeht eine Ordnungswidrigkeit, es sei denn, dass einer der Verlobten lebensgefährlich erkrankt und ein Aufschub nicht möglich ist oder dass ein auf andere Weise nicht zu behebender schwerer sittlicher Notstand vorliegt, dessen Vorhandensein durch die zuständige Stelle der religiösen Körperschaft des öffentlichen Rechts bestätigt ist.

Wer eine kirchliche Trauung oder die religiöse Feierlichkeit einer Eheschließung vorgenommen hat, ohne dass zuvor die Verlobten vor dem Standesamt erklärt hatten, die Ehe miteinander eingehen zu wollen, begeht eine Ordnungswidrigkeit, wenn er dem Standesamt nicht unverzüglich schriftlich Anzeige erstattet. § 67a.

Solange keine standesamtliche Eheschließung vollzogen wurde, wird die islamische Heiratsurkunde nicht ausgehändigt und erst dann zugeschickt, sobald die standesamtliche Heiratsurkunde vorliegt.[166]

Ob andere Vereine anders handeln, kann hier nicht weiter recherchiert werden, weil es den Rahmen der Arbeit sprengen würde. Festzustellen bleibt aber, dass nach türkischem Recht eine zivilrechtliche Eheschließung zwingend vorgeschrieben ist. Darauf wird auch in einer Freitagspredigt der DITIB[167] vom 5. Februar 2010 hingewiesen.

„In unserer Religion kann für den Fortbestand des Geschlechts nur gesorgt werden im Rahmen einer (amtlich) getrauten Ehe. Denn erst mit dieser Trauung gilt die Familie als gegründet. [...] Aus diesem Grund ist es nicht vorstellbar, dass ein Muslim die Ehe nicht ernst nimmt oder gar eine außereheliche Beziehung bevorzugt, in der die Paare nicht getraut sind. Nach islamischem Verständnis sind nicht nur außereheliche Beziehungen verboten, sondern auch (religiöse) Trauungen, die nur unter irgendeinem Vorwand von vorne herein nur für eine bestimmte und begrenzte Zeit vorgenommen werden. Heutzutage muss, um eine Ehe als gültig zu erachten, auch eine amtliche Trauung vorliegen. Ansonsten drohen Probleme und Schäden, die wieder auszugleichen nur schwer möglich sind.“[168]

Das ist insofern von Bedeutung, als die in Deutschland lebenden türkischstämmigen Muslime die mit Abstand größte Gruppe bilden.

„Türkischstämmige stellen mit einer Zahl von 2,5 bis 2,7 Millionen Personen die größte Gruppe unter den Muslimen in Deutschland. Gut zwei Drittel aller Muslime in Deutschland haben damit einen türkischen Migrationshintergrund (63 Prozent). Die Mehrzahl der türkischstämmigen Muslime sind Sunniten (76 Prozent). Aleviten stellen mit einem Anteil von 17 Prozent die zweitgrößte Glaubensgruppe dar.“[169]

Für jede territorial geltende Rechtsordnung gilt der uneingeschränkte Anwendungsvorrang im jeweiligen Zuständigkeitsbereich und diese Rechtsordnung bestimmt autonom darüber, ob und wenn ja, in welchem Umfang

166 http://www.izhamburg.com/dienstleistungen/Eheschliessung.php, gesichtet am 06.12.2012.

167 Türkisch-Islamische Union der Anstalt für Religion e.V. türk. *Diyanet İşleri Türk Islam Birliği.*

168 http://www.ditib.de/media/Image/hadis/hutbe_05022010_de.pdfgesichtet am 18.04.2013.

169 vgl. Dr. habil. Haug/Müssig M.A./Dr. Stichs, 2009, S. 303f.

fremde Normen akzeptiert und zugelassen werden.[170] Jeder Staat, in dem eine demokratisch legitimierte Rechtsordnung zur Anwendung kommt und der sich den Menschenrechten verpflichtet fühlt, muss durch diese Rechtsordnung stabile und im Kern unveränderliche Bedingungen schaffen, welche gegebenenfalls auch mit Sanktionen durchzusetzen sind.[171] Diese im Kern unveränderlichen Bedingungen finden sich für die Bundesrepublik Deutschland im Grundgesetz. Eine solche Rechtsordnung kann allerdings nicht dazu dienen, die Freiheiten der Individuen in jenen Punkten einzuschränken, in denen sie auf das Missfallen einzelner oder mehrerer stoßen.

> „Ein grundsätzlicher Unterschied besteht in der Umsetzung religiöser oder aber rechtlicher Normen. Aus muslimischer Sicht geht es in beiden Fällen um die Anwendung islamischer Vorschriften. Aus staatlicher Sicht fallen religiöse Normen indes unter die Ausübung der verfassungsmäßig garantierten Religionsfreiheit.“[172]

An dieser Stelle sei noch einmal der Hinweis des Verfassers auf die unklare Trennschärfe der Begriffe „Religionsfreiheit“ und „Religionsausübung“ gegeben. Religionsfreiheit wird in dieser Arbeit definiert als die Freiheit, einen Glauben an eine überirdische, transzendente Macht zu haben, oder eben nicht zu haben, bis hin zu der Möglichkeit, den Glauben zu wechseln. Die Religionsausübung muss unter den Aspekten des Sakralen und des Profanen betrachtet werden. Nur hier kommt es möglicherweise zu Kollisionen mit dem territorialen Recht der jeweiligen Staaten. Das einschlägige Gesetz, welches in Deutschland die Anwendung auch ausländischen Rechts dann ermöglicht, wenn der oder die Betroffene ihre Wurzeln in einem anderen Land hat,[173] ist das „Einführungsgesetz zum Bürgerlichen Gesetzbuche (EGBGB)“.

> „Rechtsnormen werden zwar als ausländisches Recht aufgrund einschlägiger deutscher Gesetze in gewissem Umfang angewandt. Sie genießen hingegen meines

---

170 vgl. Rohe, 2009, S. 338.

171 vgl. ebd. S. 339.

172 ebd.

173 Art 5 EGBGB Personalstatut (1) Wird auf das Recht des Staates verwiesen, dem eine Person angehört, und gehört sie mehreren Staaten an, so ist das Recht desjenigen dieser Staaten anzuwenden, mit dem die Person am engsten verbunden ist, insbesondere durch ihren gewöhnlichen Aufenthalt oder durch den Verlauf ihres Lebens. Ist die Person auch Deutscher, so geht diese Rechtsstellung vor.

Erachtens nicht den Schutz der Religionsfreiheit, weil die Kompetenzabgrenzung zwischen Recht und Religion im säkularen Rechtsstaat dem rechtssetzenden Souverän und nicht den Religionsgemeinschaften zusteht. Danach besteht eine grundlegende Trennung zwischen Recht und Religion."[174]

Eine uneingeschränkte Anwendung ausländischen Rechts wird durch den Art. 6 EGBGB verhindert. Hiermit wird der sogenannte „Ordre Public" sichergestellt. Somit ist die Anwendung ausländischen Rechts von mehreren Faktoren abhängig. Zum einen also vom Personalstatut der jeweiligen Antragsteller, beziehungsweise Antragsgegner; zum anderen davon, ob das ausländische Recht gegen grundlegendes deutsches Recht, wie zum Beispiel das Grundgesetz, verstößt. Exemplarisch kann dafür das alleinige Scheidungsrecht des Ehemannes (*talaq*) genannt werden. Hier greift der Art 3 GG, womit die Gleichheit und die Gleichberechtigung aller Menschen, unabhängig vom Geschlecht, der Abstammung, der Rasse, der Sprache, der Heimat und Herkunft, des Glaubens oder seiner religiösen oder politischen Anschauungen, betont wird.

„Vorbehaltsklausel des Internationalen Privatrechts.
In den Normen des Internationalen Privatrechts ist geregelt, welches Recht angewendet werden muss, wenn der Sachverhalt die Rechtsordnungen mehrerer Staaten berührt. Danach sind bei Vorliegen der Voraussetzungen die ausländischen Rechtsnormen auch anzuwenden, wenn die deutsche Rechtsordnung eine andere Regelung enthält. Eine Ausnahme dieses Grundsatzes enthält Art. 6 EGBGB, „ordre public" genannt: Danach ist die Rechtsnorm eines anderen Staates nicht anzuwenden, wenn sie mit wesentlichen Grundsätzen des deutschen Rechts, insbesondere den Grundrechten, unvereinbar ist."[175]

Rohe betont in diesem Zusammenhang, dass es in den einschlägigen Gerichtsentscheidungen keine klare Linie gibt. Es lässt sich aber feststellen, dass ausländisches Recht im Allgemeinen dann anerkannt wird, wenn es im konkreten Fall bei Anwendung deutschen Rechts zum gleichen Ergebnis geführt hätte.[176]

Die deutsche Rechtsprechung prüft also im jeweils konkreten Einzelfall alle Umstände des Zustandekommens der Scheidung, insbesondere die Staatsangehörigkeit der Betroffenen.

---

174 vgl. Rohe, 2009, S. 338.
175 http://www.juraforum.de/lexikon/ordre-public, gesichtet am 08.12.2012.
176 vgl. Rohe, 2009, S. 352.

4.4.4 Spanien

Die Vereinbarung zwischen der *Comisión Islámica de España* und dem Staat sieht auch ein Verfahren für den Fall der Eheschließung vor. Die islamische Gemeinde, in welcher die Eheschließung vorgenommen wird, muss registriert sein. Die Zeremonie kann dann durch einen Repräsentanten der Gemeinde und in Anwesenheit von zwei volljährigen Zeugen erfolgen.

Der Artikel 7(3) dieser Regelung bestimmt dazu folgendes:

> Nach einer religiösen Trauung muss diese an das amtliche Register gemeldet und dort eingetragen werden, um somit offiziell anerkannt zu werden. Die Anmeldung kann nur durch denjenigen erfolgen, der auch die Trauung vorgenommen hat.[177]

Aufgrund der stark angestiegenen Zahl von Zuwanderungen erließ die spanische Regierung am 22.12.2000 die „Ley Orgánica 8/2000", mit welcher die Familienzusammenführung von in Spanien lebenden Personen mit nahen Verwandten gefördert, eine polygame Ehe allerdings nicht akzeptiert wird.[178] Im Falle einer Scheidung wird ähnlich wie im deutschen Recht verfahren. Es gilt grundsätzlich das Internationale Privatrecht, bei eindeutigen Verstößen gegen das nationale Recht wird der „Ordre Public" angewendet.[179]

---

177 Art. 7(3) Una vez celebrado el matrimonio, el representante de la Comunidad Islámica en que se hubiera contraído aquél, enviará al Registro Civil, para su inscripción, certificación acreditativa de la celebración del matrimonio, en la que deberán expresarse las circunstancias exigidas por la legislación del Registro Civil.

178 Article 17. Families Eligible for Reunification. 1. The resident foreign national has the right to be reunited with the following family members: a) The resident's spouse, provided that the couple is not separated, by fact or by law, or in the case that the marriage has been conducted fraudulently. In no case may more than one spouse be included, even if the foreign national's personal creed admits this form of matrimony. The resident foreign national who is separated from his or her spouse and remarried in second or other marriages shall only be permitted to be reunited with the current spouse and family members if it can be proved that the dissolution of the previous marriages has taken place through a judicial process determining the situation of the former spouse in regard to common dwelling place, alimony and child support.

179 siehe hierzu ausführlich http://ec.europa.eu/civiljustice/applicable_law/applicable_law_spa_de.htm gesichtet am 18.04.2013.

4.4.5 Niederlande

Mit einer Pressemitteilung[180] vom 24. April 2010 teilt das niederländische Ministerium der Justiz das Ergebnis einer Forschungsarbeit der *Radboud University Nijmwegen* im Auftrag des *Wetenschappelijk Onderzoeken Documentatiecentrum (WODC)* mit. Gegenstand des Forschungsauftrags war die Frage, ob es in den Niederlanden so genannte *Sharia Courts*, vergleichbar denen in Großbritannien, gibt. Die Studie kommt zu dem Schluss, dass es zwar keine *Sharia Courts* gibt, viele Muslime aber eher den Rat von Freunden oder Verwandten aus dem näheren Umfeld suchen, als sich an die offiziellen Stellen zu wenden. Es wird auch deshalb nicht von einer Paralleljustiz in Form solcher Sharia Courts ausgegangen, weil die Sharia nicht als ein regelrechtes Rechtssystem angesehen wird, dazu sind die Muslime auf Grund ihrer verschiedenen Herkunft zu sehr untereinander uneinig. Zudem ist die Sharia kein kodiertes Rechtssystem. In den europäischen Ländern weisen islamische Rechtsexperten, so der Schluss der Studie, außerdem darauf hin, wie es möglich ist, innerhalb des territorialen Rechts der jeweiligen Staaten nach islamischen Regeln zu leben. Für diese Studie wurden allerdings nur 93 Personen interviewt, die zur Hälfte aus der niederländischen muslimischen Bevölkerung ausgewählt wurden, zur anderen Hälfte aus einer Gruppe sogenannter Islamexperten bestand. Obwohl die Studie im Wesentlichen zu dem Schluss kommt, dass die Möglichkeit von existierenden *Sharia Courts* eher unwahrscheinlich ist, bleibt die niederländische Regierung in dieser Frage sehr skeptisch.

> „Although the main conclusion of the investigation removes the concerns about the possible existence of Sharia courts in the Netherlands, the Dutch government continues to consider its duty to ensure that no parallel societies come into existence in which people take the law into their own hands or apply a legal system which operates outside the boundaries of our legal order.“[181]

Aus der Studie ging nach Ansicht der Regierung nicht zweifelsfrei hervor, dass es nicht zu rechtlich relevanten Maßnahmen kommen kann, die gegen den Willen oder zum Nachteil eines der Beteiligten in einem Streitfall

180 http://www.government.nl/documents-and-publications/press-releases/2010/04/23/investigation-no-sharia-courts-in-the-netherlands.html gesichtet am 08.01.2013.

181 ebd.

gerichtet sind. Im Ergebnis verstärkte die Regierung die Anstrengungen im Kampf gegen Zwangsehen, die Freiheitsstrafe für ausgeübten psychischen Zwang wurde von neun Monaten auf zwei Jahre erhöht, im Ausland geschlossene polygame Ehen werden nicht mehr anerkannt.

Religiöse Eheschließungen (sogenannte Imam-Ehen) sind ohne vorherige standesamtliche Eheschließung verboten.

> „In the Netherlands, religious officials are prohibited from performing any religious ceremonies without a prior civil marriage."

Letztlich unterstützt die Regierung diverse Projekte, um die Rechte der in die Niederlande immigrierten Frauen bzw. Frauen der zweiten oder dritten Immigrantengeneration zu stärken.

Besondere Aufmerksamkeit wurde dem *informellen Heiraten* mit einer Studie der *Universiteit Leiden*,[182], Leiden Law school, zuteil.

---

182 http://english.wodc.nl/onderzoeksdatabase/het-voorkomen-van-islamitische\delimiter"026E30F--huwelijken[..] gesichtet am 02.04.2014. „Dutch law only recognizes civil marriage. This report describes the results of the explorative research on the existence of informal marriages in the Netherlands."

Kapitel 5 Die Sharia in ausgewählten EU-Mitgliedsstaaten

In diesem Kapitel werden die historischen und aktuellen Verhältnisse der EU Mitgliedstaaten Großbritannien, Frankreich, Deutschland, Spanien und die Niederlande daraufhin untersucht, wie neutral sich die Staaten gegenüber den Forderungen muslimischer Verbände verhalten. Hier geht es ausschließlich um die Frage, ob es überhaupt Raum gibt für die Anwendung eines religiös legitimierten Gesetzes in einem säkular, beziehungsweise laizistisch geprägten Staat.

5.1 Das Beispiel Großbritannien

5.1.1 Historische und gesetzliche Rahmenbedingungen

Seit der Gründung des Vereinigten Königreichs im Jahr 1707[183] lässt sich der Islam dort nachweisen. Die Anerkennung als eigenständige Religion erfuhr der Islam allerdings erst durch den „Trinitarian Act 1812". Die *Association of British Muslims*, gegründet 1889 von Abdullah Quilliam[184] unter dem Namen *English Islamic Association*, beansprucht für sich, die älteste Organisation der britischen Muslime zu sein.[185]

Zu den weiteren nennenswerten islamischen Organisationen gehören das *British Muslim Forum*, die *Muslim Association of Britain*, die *Ahmadiyya Muslim Association UK*, die *Islamic Society of Britain*, die *United Kingdom Islamic Mission (UKIM)*, die *Sunni Dawat-e-Islami*, die *World Islamic Mission*, das *Sufi Muslim Council*, das *Muslim Council of Britain (MCB)* und

183 Durch die „Acts of Union 1707" wurden die Königreiche von England und Schottland zu einer Nation zusammengeführt.

184 William Henry Quilliam (1856 - 1932), der sich später in Abdullah Quilliam umbenannte, konvertierte im 19. Jahrhundert zum Islam und gründete die erste Moschee Englands sowie das erste islamische Zentrum.

185 Im April 2008 wurde die Quilliam Foundation in London gegründet. Sie versteht sich als anti-islamistischer Think Tank. Unter der Leitung der beiden Direktoren Maajid Nawaz und Ed Husain (Autor des Buchs *The Islamist*) organisiert die Foundation Forschungsprojekte, öffentl\ iche Veranstaltungen und Medienkampagnen. Sie wird von zahlreichen muslimischen und nichtmuslimischen Intellektuellen und Prominenten unterstützt.

weitere, wobei dem MCB im Verlauf der weiteren Untersuchungen noch erhöhte Aufmerksamkeit zuteil werden wird. Deutlich wird hier aber auch, wie sich die Interessen der einzelnen Verbände darstellen, denn eine übergeordnete Dachorganisation gibt es bis jetzt noch nicht.

In den 1950er Jahren erreichten mehr als 500.000 junge und unverheiratete Männer vorwiegend Muslime als Immigranten Großbritannien. Dieser freie Zugang für Bewohner der Commonwealth Staaten[186] hielt bis 1960 an. Anders als in Frankreich oder in Deutschland erfolgte der Zustrom dieser Menschen nicht aufgrund eines Arbeits*kräfte*mangels in Großbritannien, sondern wegen des akuten Arbeits*platz*mangels in den Herkunftsländern.[187]

> „In the 1960s, significant numbers of Muslims arrived as people in the former colonies took up offers of work. Some of the first were East African Asians, while many came from south Asia. Permanent communities formed and at least 50 percent of the current population was born in the UK. Significant communities with links to Turkey, Iran, Iraq, Afghanistan, Somalia and the Balkans also exist. The 2001 Census showed one third of the Muslim population was under 16 the highest proportion for any group. It also highlighted high levels of unemployment, low levels of qualifications and low home ownership."[188]

Im Jahr 1960 forderte der britische Innenminister Richard Butler ein Gesetz, mit welchem die Einwanderung für Passbesitzer aus dem Commonwealth (mit Ausnahme britischer Passbesitzer) stärker reglementiert werden sollte. Künftige Immigranten benötigten nun eine Arbeitserlaubnis, abgestuft nach der Arbeitsmarktsituation. Dieses Gesetz erlangte Gültigkeit als *The Commonwealth Immigration Act 1962*. 1965 verschärfte die Regierung die administrativen Kontrollen weiterhin und reduzierte die Anzahl der verfügbaren Arbeitsgenehmigungen. 1967 erreichten viele asiatischstämmige Bürger aus Kenia und Uganda Großbritannien, weil sie Diskriminierungen durch ihre eigenen Regierungen befürchteten. Nach der Unabhängigkeitserklärung ihres jeweiligen Geburtslandes hatten sie

186 Das Commonwealth of Nations (bis 1947: British Commonwealth of Nations) ist eine lose Verbindung von souveränen Staaten, welche in erster Linie vom Vereinigten Königreich und dessen ehemaligen Kolonien gebildet wird.

187 In diesem Zusammenhang wird auch von *push*und *pullfaktoren* gesprochen.

188 Sources: Total population - Office for National Statistics, 2001 figures; Muslim population - Office for National Statistics, 2001 figures.

ihre britische Staatsbürgerschaft behalten und gehörten somit nicht zum Personenkreis des Immigration Act 1965. Die LabourRegierung reagierte darauf mit dem *The Commonwealth Immigration Act 1968*. Das Einreiseverbot wurde nun auf all diejenigen erweitert, welche weder Eltern noch Großeltern hatten, die in Großbritannien geboren worden waren.

Drei Jahre später verkündete die konservative Regierung den *Immigration Act von 1971*. Hierdurch wurden die bis dahin unbegrenzt gültigen Arbeitsgenehmigungen durch zeitlich begrenzte ersetzt. Ausgenommen hiervon waren Immigranten mit verwandtschaftlichen Beziehungen in Großbritannien. Des Weiteren wurde die Möglichkeit der Einwanderung weiter erschwert und zusätzlich einige Vergünstigungen für eine Rückkehr in die Ursprungsländer geschaffen. Als 1972 Idi Amin Staatsbürger asiatischer Abstammung in großer Zahl aus Uganda auswies, wurden 27.000 dieser Flüchtlinge die Einwanderung und das dauernde Verbleiben durch ein spezielles Uganda Einwanderungsgesetz gestattet.[189]

Erst mit dem Human Rights Act von 1998[190] wurde die europäische Konvention für den Schutz der Menschenrechte (EMRK) und der fundamentalen Freiheiten zu nationalem Recht. Zu diesen Freiheiten gehört auch die Religionsfreiheit. Seit dem 18. Jh. hat die Staatskirche[191] keinen Einfluss mehr auf die Politik. Für viele Aspekte des sozialen Lebens ist sie allerdings weiterhin prägend. So war das Christentum die einzige Religion in Großbritannien, die vor der Blasphemie geschützt war.[192] Die anglikanische Eheschließung wird offiziell anerkannt. Katholiken und

---

189 Übersetzung durch den Autor. Die vollständigen Texte können unter folgender URL gefunden werden. http://www.nationalarchives.gov.uk/ Gesichtet am 20.03.2014.

190 http://www.legislation.gov.uk/ukpga/1998/42/contents Gesichtet am 20.03.2014.

191 In Großbritannien sind fast alle größeren Religionen der Welt zu finden. Unter diesen sind auch die zwei Staatskirchen vertreten, die anglikanische Kirche (Church of England) und die presbyterianische schottische Staatskirche (Church of Scotland), wobei letztere eher den Status einer Nationalkirche hat.

192 Gotteslästerung ist in zahlreichen europäischen Staaten strafbar. In Deutschland kann die Beschimpfung des religiösen oder weltanschaulichen Bekenntnisses mit bis zu drei Jahren Haft bestraft werden, wenn dadurch der öffentliche Frieden gestört wird, ähnliche Regelungen gelten in Österreich. Unter anderem in Irland, den Niederlanden, der Schweiz, Griechenland und Spanien gibt es Paragraphen, die das Herabwürdigen von

Juden haben im Laufe der Zeit ähnliche Privilegien erhalten, insbesondere die Anerkennung ihrer eigenen konfessionellen Schulen, womit eine materielle Unterstützung durch den Staat verbunden ist.

All dies blieb bis 1998 den Muslimen verwehrt. Der Umgang mit ihnen seit dem Ende des 2. Weltkriegs kann in drei Phasen gestaffelt werden. Die erste Phase verlief bis zum Anfang der 80er Jahre. Die offizielle Politik setzte bis dahin auf die Integration ohne Rücksicht auf kulturelle Unterschiede, was einer Assimilation gleichkam, dies im Sinne von Aufgabe der eigenen, ursprünglichen Identität im kulturellen Denken und Handeln. In der zweiten Phase haben sich die Ideen und Ziele einer multikulturellen Gesellschaft durchgesetzt, wovon die zweite Generation profitierte. Die Muslime wurden aber einerseits durch das Ignorieren des Islam durch die nationale Politik behindert und andererseits durch die Verbreitung des antiwestlichen Islamismus beschädigt. Hinzu kommt die Entwicklung des Multikulturalismus in einen gemeinschaftlichen Kulturalismus, der auf die Bedürfnisse des Individuums nicht eingeht, sondern die Absonderung der Gemeinschaften begünstigt. Hier wurde von Separatismus gesprochen. Die dritte Phase beginnt 1998 mit der Anpassung an den europäischen Standard. Die Staatskirche verliert vermehrt an Privilegien und wird immer mehr den anderen Religionen gleichgestellt.

5.1.1.1 Zwischenergebnis

Ein Leben nach der Sharia, im weiten Spektrum von sakral bis profan, ist im Vereinigten Königreich aufgrund der liberalen Gesetzgebung ohne wesentliche Einschränkungen möglich. Die aus dem Bereich des Sakralen hervorgehenden Bestimmungen der Bestattung nach islamischem Ritus finden in allen Belangen Berücksichtigung. Wie lange das noch so sein wird, speziell im Hinblick auf die zeitlich nicht begrenzte Liegedauer der Leichen auf den kommunalen Friedhöfen, kann zum Zeitpunkt der Erstellung dieser Arbeit nicht beantwortet werden. Da eine Wiederbelegung der Gräber auf diesen Friedhöfen „noch" nicht zulässig ist, wird der Raum knapp. Bis

Religionsgemeinschaften unter Strafe stellen. Großbritannien strich hingegen die entsprechende Vorschrift 2008 aus dem Strafgesetzbuch.

jetzt hat aber noch keine Regierung konkrete Schritte in Richtung auf eine Begrenzung der Liegedauer unternommen, so dass Konflikte mit muslimischen Gemeinden, die eventuell weiterhin auf einer unbegrenzten Liegedauer bestehen, wenn sie dann überhaupt auftreten, erst später entstehen werden. Den Speisevorschriften wird durch die britische Gesetzgebung entsprochen, da sie entgegen der allgemeinen Tendenz in der Europäischen Union eine Schlachtung von Tieren ohne vorherige Betäubung zulässt. Wegen des sogenannten Subsidiaritätsprinzips, welches den Mitgliedsstaaten der Europäischen Union hier die Möglichkeit gibt, nach eigenem Ermessen zu entscheiden, gibt es im Vereinigten Königreich keine Einschränkungen. Das wiederum hat zum Aufbau eines Wirtschaftszweigs geführt, der diese Schlachtung nach islamischem[193] Ritus in großem Maßstab durchführt und die Produkte in andere Länder der EU exportiert. Islamische Feiertage werden offiziell zwar nicht anerkannt, in den Ballungsgebieten bleiben die muslimisch geführten Geschäfte an den bedeutenden islamischen Feiertagen aber dennoch geschlossen. Der Anwendung des internationalen Privatrechts im Hinblick auf das islamische Ehe-, Scheidungsund Erbrecht wird mit dem *Arbitration Act* entsprochen, auch wenn die Intention dieses Acts eine ganz andere war. Hier ist der Übergang von den sakralen in die profanen Bestimmungen besonders deutlich. Da in diesen Fällen von einer Gleichbehandlung der Geschlechter nicht mehr gesprochen werden kann, kollidiert hier das menschliche, auf philosophischem Wissen beruhende Recht mit dem vormodernen Offenbarungswissen des Islam.

5.2 Das Beispiel Frankreich

5.2.1 Historische und gesetzliche Rahmenbedingungen

Die wirtschaftliche Situation in Frankreich nach dem 2. Weltkrieg ist in etwa mit der in Deutschland vergleichbar. Für den Wiederaufbau nach den Zerstörungen des Krieges wurden dringend Arbeitskräfte benötigt. Dennoch bildet Frankreich wegen der strikten Trennung von Staat und Religion (Laïcité) innerhalb Europas einen Sonderfall. Frankreich galt seit dem Mittelalter als die bedeutendste katholische Nation der bekannten

193 Es versteht sich von selbst, dass hier auch der jüdischen Forderung entsprochen wird.

Welt. Die „etablierte“ Laizisierung wurde in den 1880er-Jahren mit einer Welle von laizistischen Gesetzen, insbesondere im Schulwesen, und mit der Trennung von Kirche und Staat im Jahr 1905 erreicht.

> „Ihr wichtigstes Kennzeichen ist die institutionelle Trennung zwischen Religion und Gesellschaft: Die Kirche galt nicht mehr als eine der strukturierenden Institutionen; diese Rolle hatten die Schule bzw. die Partei und die politische Idee übernommen. Die Religion gehörte nun in die private Sphäre. Das bedeutete einen weiteren Verlust für die Kirche, den Verlust der Legitimität: Die religiösen Bedürfnisse wurden nicht länger gesellschaftlich anerkannt, wenngleich der Staat ihre Befriedigung ausdrücklich gewährleistete (Art. 1 des Trennungsgesetzes).[...] An dem Pluralismus und freien Wettbewerb zwischen den Religionen [...] hat sich dem Anschein nach nichts geändert: Der Staat entzog den Konfessionen lediglich ihre Vorrangstellung und erklärte, diese nicht mehr ‘anzuerkennen’ (Art. 2). Der Schein trog: Indem der Staat kostenlos Kultstätten zur Verfügung stellte, Seelsorgepersonal bezahlte oder religiöse Fernsehsendungen finanzierte, bevorzugte er weiterhin die traditionellen Konfessionen. Zudem konnte die Trennung von Kirche und Staat im ehemaligen ‘Elsass-Lothringen’ [...] nie durchgesetzt werden. Hier gilt heute noch das Konkordat von 1802.“[194]

Zu demselben Ergebnis kommt auch v. Campenhausen:

> „Selbst im Frankreich der radikalen Trennung von Staat und Kirche sind Formen fördernder Kooperation von Staat und Kirche heute allgemein akzeptiert. Nach Abklingen der antiklerikalen Grundstimmung nähert sich die Realität des Verhältnisses von Staat und Religion dem entspannten Verhältnis im westlichen Europa an. Der schillernde Begriff des Laizismus ist aber nicht mit dem der Neutralität identisch. Seine Grundlage ist nicht Freiheit, sondern der staatliche Anspruch, die Grenzen öffentlichen Wirkens der Religionsgemeinschaften allein zu bestimmen. Im Widerspruch zum Wortlaut des fortgeltenden Trennungsgesetzes (1905) werden Religionsgemeinschaften, insbesondere die römisch-katholische Kirche und der Islam, auf vielfältige Weise gefördert. Die Rechtslage beruht auf Ministerialerlassen, Dekreten und Gerichtsentscheidungen und ist in den Einzelheiten extrem unübersichtlich und widersprüchlich. Deshalb bedürfen Maßnahmen umständlicher Rechtfertigung im Einzelfall.“[195]

Dennoch oder gerade deswegen vollzog Frankreich diesen Schritt mit einer Konsequenz, die nicht immer leicht zu verstehen ist.[196] Im Jahr 2004

194 vgl. Patrick Cabanel in: Kimmel/Uterwedde, 2005, S. 143f.
195 http://www.humboldt-forum-recht.de/druckansicht/druckansicht.php?artikelid=188.
196 vgl. ebd. Kimmel/Uterwedde, 2005, S. 139.

empfahl die *Stasi-Kommission*[197] eine Überprüfung der „Anwendung der Prinzipien des Säkularismus in der Republik".[198] Dabei berief sich die Kommission auf das „Gesetz über die Trennung von Kirche und Staat vom 9. Dezember 1905". Die Kommission setzt sich mit dem Begriff der Laïcité auseinander, der nach ihrer Meinung,

> „einerseits die vollständige Gewissensfreiheit jedes Individuums und andererseits die Neutralität des Staates"

garantiert.[199] Das bedeutet, dass der Staat die gleiche Behandlung aller Bewohner garantiert und dies ohne Ansehen der Religion. Aufmerksamkeit auch ausserhalb der Grenzen Frankreichs fand die Kommission vor allem wegen der Empfehlung, „auffällige religiöse Symbole in staatlichen Schulen zu verbieten."[200]

> „Die Maßregel, auffällige religiöse Äußerungen (d.h. Kopftücher) in öffentlichen Schulen zu verbieten, ist zurückzuführen auf die Auffassung, dass die Laïcité durch religiösen *Kommunautarismus* bedroht wird. Damit ist die Bildung von Subgruppen in der Gesellschaft gemeint, die ihren Willen den Mitgliedern auferlegen und somit die individuelle Freiheit der Bürger einschränken."[201]

Ebenso wie Großbritannien besaß auch Frankreich Kolonien in islamischen Ländern. Eine organisierte Arbeitsimmigration erfolgte schon kurz nach dem Ende des 1. Weltkriegs, insbesondere aus Algerien und Marokko. Auch in den 50er und 60er Jahren des vorigen Jahrhunderts wurden Arbeiter aus Algerien eingesetzt, um den Arbeitskräftemangel zu kompensieren. Ebenso wie in Deutschland handelte es sich dabei in erster Linie um unverheiratete Männer, von denen erwartet wurde, dass sie nach einiger Zeit wieder in ihre Heimatländer zurückkehren.

Eine wichtige Ausnahme bildeten die *Harkis*. Das waren jene Algerier, die während des algerischen Unabhängigkeitskrieges (1954-1962) auf französischer Seite kämpften. Nach dem Ende des Krieges, den Frankreich verlor, hatten diese Männer keine Möglichkeit mehr, wieder nach Algerien

---

197 so genannt nach ihrem Vorsitzenden *Bernard Stasi*.
198 vgl. Ende/Steinbach, 2005, S. 573.
199 ebd.
200 ohne besondere Erwähnung waren die islamischen Kopftücher gemeint.
201 ebd.

zurückzukehren, weil sie von der neuen Regierung als Verräter betrachtet wurden. In den 70er Jahren wurde aufgrund der auch in Frankreich eingetretenen Rezession die organisierte Arbeitsmigration eingestellt.[202] Das führte allerdings genauso wenig zu einer Abnahme der Zahl der Muslime wie zur gleichen Zeit in Deutschland. Die ethnische Inhomogenität nahm durch neue Migrationswellen aus den ehemaligen französischen Kolonien und auch aus der Türkei zu.[203]

Das Auftreten des Islam in Frankreich im letzten Drittel des vorigen Jahrhunderts brachte wichtige Veränderungen mit sich. Anfänglich existierte ein sogenannter „verborgener Islam“, der nahezu ausschließlich von maghrebinischen[204] Einwanderern praktiziert wurde. Es war zunächst ein “konsularischer“ Islam, der von den maghrebinischen Ländern beherrscht wurde. Das ist in ungefähr vergleichbar mit der Funktion, die Algerien heute noch über die Große Moschee von Paris ausübt. Diese wurde 1926 gebaut und an die islamische Gemeinde übergeben, um den Kampf muslimischer Soldaten aus den Kolonien auf Seiten der französischen Truppen während des 1. Weltkrieges zu würdigen.[205] Unter der Leitung dieser Moschee wurde in der postkolonialen Zeit versucht, eine führende Rolle aller Muslime in Frankreich zu übernehmen. Der frühere Innenminister Pasqua verlieh der Moschee eine Zeit lang das Monopol zur Anerkennung von *halal*-Schlachtern, worauf die Moschee ihre Vormachtstellung aufbauen konnte.[206] Die Aktivitäten dieser Emigranten führte zu ca. 1.500 Gebetsräumen und lokalen Zentren.[207] Anderen Quellen zufolge sind es aktuell ca. 2.000 Gebetsräume und 15 Großmoscheen.[208]

---

202 vgl. Ende/Steinbach, 2005, S. 574.
203 ebd.
204 Unter Maghreb oder Maghrib werden vor allem die drei nordafrikanischen Staaten Tunesien, Algerien und Marokko sowie Libyen und Mauretanien, die auf Grund ihrer Geographie und Geschichte viele Gemeinsamkeiten haben, verstanden.
205 vgl. Kimmel/Uterwedde, 2005, S. 148.
206 vgl. Ende/Steinbach, 2005, S. 574.
207 ebd.
208 http://www.ambafrance-de.org/Islam-Muslime-in-Frankreich gesichtet am 20.03.2014.

Zu den wichtigsten muslimischen Föderationen in Frankreich gehören:

- Das muslimische Institut der Moschee von Paris:
  Dieses der Pariser Moschee angegliederte Institut wurde 1916 während des 1. Weltkriegs gegründet. Historisch ist es mit Algerien verbunden.
- Die Union der Islamischen Organisationen in Frankreich (UOIF):
  Die 1983 gegründete UOIF ist die bedeutendste muslimische Vereinigung in Frankreich. Sie steht den Muslimbrüdern nahe.
- Die Nationale Föderation der Muslime Frankreichs (FNMF). Die 1985 gegründete FNFM wird von Marokko unterstützt.
- Tabligh - der französische Zweig von Jama'at al Tabligh. Vertritt eine 1927 in Indien gegründete Religionsbewegung.
- Die Französische Föderation der islamischen Vereinigungen Afrikas, der Komoren und der Antillen.
  Dieser 1989 gegründeten Föderation gehören Muslime an, die Anhänger eines traditionellen und in der Kultur Afrikas und der Antillen verankerten Islams sind.
- Der Koordinierungsausschuss der Türkischen Muslime Frankreichs. Er ist auf die Türkei ausgerichtet.
- Die Föderation Einladung und Mission für den Glauben und die Praxis.[209]

Bei der Wahl ihres rechtlichen Status eröffnen sich den Religionsgemeinschaften in Frankreich zwei Möglichkeiten. Es ist möglich, sich entweder als *associations cultuelles* nach dem Gesetz von 1905 oder als *associations* nach dem Vereinsgesetz von 1901 zu organisieren. Da der jeweilige Rechtsstatus Vorund Nachteile mit sich bringt, ist er an bestimmte Bedingungen geknüpft. Für die Muslime ist es wichtig, die Form zu wählen, mit der sie den in der französischen Gesellschaft nicht ganz unproblematischen Spagat zwischen Religion und Kultur bewältigen können.[210] Der *Laïcité* verpflichtet, mussten diese religiösen Institutionen zunächst ohne finanzielle oder organisatorische Unterstützung des französischen Staates auskommen. Die Aktivitäten zum Aufbau dieser Organisationen blieben privaten Institutionen

---

209 http://www.ambafrance-de.org/Islam-Muslime-in-Frankreich gesichtet am 18.04.2013.

210 vgl. von Krosigk, 2000, S. 41.

von Muslimen überlassen, die kaum oder gar nicht mit staatlichen Instanzen verbunden waren. Über einen fortlaufenden Prozess, der an dieser Stelle nicht im Detail beschrieben werden soll, kam es 2001 zu der Vereinbarung, Wahlen für einen *Conseil Français du Culte Musulman (CFCM)* abzuhalten. Im April des Jahres 2003 fanden Wahlen statt. Der *CFCM* wird seitdem als offizieller Gesprächspartner der Regierung anerkannt.[211]

Zusammensetzung des CFCM

Der CFCM umfasst ein Exekutivbüro, einen Verwaltungsrat, eine Generalversammlung und ein Generalsekretariat. Das Exekutivbüro besteht aus 11 bis 17 Mitgliedern. Dem CFCM steht zurzeit der Rektor der Moschee von Paris, Dalil Boubakeur, vor. Dieser wird von zwei Vizepräsidenten unterstützt[212], die die Aktionen des CFCM mit den CRCM[213] zu koordinieren haben.

Der Verwaltungsrat des CFCM setzt sich aus 65 Personen zusammen, von denen zwei Drittel gewählt werden. Nach den Wahlen von 2005 verteilen sich die gewählten Mitglieder wie folgt:

- FNMF: 19 Sitze und 10 Regionen,
- UOIF: 10 Sitze und 7 Regionen,
- Moschee von Paris: 10 Sitze und 1 Region,
- CCMTF: 1 Sitz und 4 Regionen,
- Unabhängige: 3 Sitze.

Die nicht gewählten Mitglieder des Verwaltungsrates verteilen sich wie folgt:

- 12 Vertreter der 7 Föderationen, die sich an der Konsultation beteiligten,
- 5 Vertreter der fünf Moscheen, die sich an der Konsultation beteiligten,
- 5 qualifizierte Persönlichkeiten.

Die Generalversammlung setzt sich aus 194 Personen zusammen, von denen drei Viertel gewählt werden.[214]

---

211 vgl. Ende/Steinbach, 2005, S. 577.

212 http://www.ambafrance-de.org/Islam-Muslime-in-Frankreich gesichtet am 18.04.2013.

213 Conseil Régional du Culte Musulman.

214 http://www.ambafrance-de.org/Islam-Muslime-in-Frankreich gesichtet am 18.04.2013.

Nachdem der Islam und seine Anhänger von der französischen Regierung lange Zeit ignoriert wurden, und das, obwohl der Islam zur zweitstärksten Religion in Frankreich wurde, wurden den islamischen Organisationen mit der Zeit dieselben Rechte zugestanden wie den etablierten Religionsgemeinschaften, hier speziell dem Christentum und dem Judentum.

„Gemäß dem Gesetz über die Trennung von Kirche und Staat vom 9. Dezember 1905, das die Neutralität des Staates gegenüber den Religionen festschreibt, finanziert der Staat die religiösen Versammlungsorte nicht direkt. Für die Errichtung bestimmter Kultstätten können aber öffentliche Hilfen gewährt werden; zudem kann sie durch die Gebietskörperschaften im Rahmen der Finanzierung eines Kulturguts, das eine Vereinigung nach dem Gesetz von 1901 darstellt, durch die Bereitstellung eines Geländes in Form eines Erbpachtvertrags mit sehr langer Laufzeit und zu geringem Mietpreis oder auch mittels Übernahme der Garantie für die zum Bau aufgenommenen Darlehen durch das Departement oder die Kommune erleichtert werden. Die Finanzierung wird in Evry, Mantes-la-Jolie, Lyon, Marseille, Saint Denis de la Réunion im Wesentlichen von den Muslimen, den islamischen Vereinigungen und durch Spenden aus dem Ausland gewährleistet.“[215]

„Eingerichtet wird schrittweise die Stiftung der Wohlfahrtseinrichtungen des Islams in Frankreich, damit die Muslime Frankreichs die zum Bau von Kultstätten erforderlichen Finanzmittel aufbringen können. Aufgabe dieser Stiftung, die als gemeinnützige Einrichtung anerkannt ist und deren Satzung durch das Dekret vom 25. Juli 2005 gebilligt wurde, ist es, die Mittel aufzubringen, die zum Bau und zur Restaurierung der Kultstätten, zur Ausbildung der Imame und für die Funktionsweise des Zentralrates der Muslime notwendig sind, welcher von der Stiftung rechtlich getrennt ist. Für die Verwaltung der Mittel aus Spenden - mit Ausnahme der öffentlichen Gelder - gilt ein dreifaches Erfordernis:

- Unabhängigkeit bei den Entscheidungen, die diese private Einrichtung trifft,
- sorgsamer Umgang mit den Mitteln gemäß den Gesetzen der Republik und der Satzung der Stiftung,
- sowie Gewährleistung finanzieller Transparenz durch eine Verwaltung, für die die Hinterlegungsund Konsignationskasse (Caisse des Dépôts et de Consignations, vergleichbar mit der KfW) zuständig ist.“[216]

According to the France2 documentary, French slaughterhouses produce far more halal meat than is needed to serve the estimated six million Muslims who live in France. The documentary reported that roughly 30 per cent of all the meat

215 http://www.botschaft-frankreich.de/spip.php?article2399.

216 http://www.botschaft-frankreich.de/spip.php?article2399 gesichtet am 12.04.2013.

produced in France is halal, while the Muslim population in France comprises approximately 7 per cent of the total French population.[217]

Dies zeigt, wie emotional dieses Thema besetzt ist und politisch genutzt werden soll. Als Reaktion darauf wurde Anfang März 2012 ein Dekret erlassen, in welchem sanitäre Regeln bei „religiösen Schlachtungen" aufgestellt sowie eine Meldepflicht für alle Halal-Zertifizierer eingeführt wurde. Eine Kennzeichnungspflicht für „rituell" geschlachtetes Fleisch soll später noch folgen.

„Halal slaughter is allowed within designated slaughterhouses and at most times is not a difficulty in France. However, during certain times of high demand, the capacity of these slaughter facilities can be stretched, leading to the practice of halal slaughter in irregular venues. There have been persistent problems with labeling and distribution of halal foods. The Muslim Executive Council has promised to address the problem, but many fear that it will not have the broad authority to implement its Ideas. In 2006, a new fast-food restaurant opened in Paris that planned to serve only halal foods."[218]

5.2.1.1 Zwischenergebnis

So wie Großbritannien gehört auch Frankreich zu den bedeutenderen europäischen Kolonialmächten. Dadurch ist der Zuwandererstrom in beiden Ländern in ihrer ethnischen Zusammensetzung gekennzeichnet durch die Herkunft aus den ehemaligen Kolonien. Anders als in Großbritannien begann die Immigration in größerem Maßstab in Frankreich schon nach dem 1. Weltkrieg, insbesondere auch durch die Aufnahme fremder Söldner in die französische Armee. Während des algerischen Unabhängigkeitskrieges kämpften zahlreiche Algerier *(Harkis)* auf französischer Seite, wodurch sie nach dem Ende des Krieges gezwungen waren, in Frankreich zu bleiben. Der Prozess der Laizisierung richtete sich seit 1880 in erster Linie gegen die katholische Kirche. Zu dieser Zeit war eine religiöse Pluralisierung der Gesellschaft nicht absehbar, auch noch nicht, als das Gesetz zur „Trennung von Staat und Religion" 1905 erlassen wurde. Nach dem Ende des 2. Weltkriegs stellte sich die Arbeitsmarktsituation in Frankreich ähnlich dar wie in Deutschland zur gleichen Zeit. Nur mit einer organisierten Arbeitsimmigration waren die Herausforderungen des Wiederaufbaus zu bewältigen.

---

217 http://www.gatestoneinstitute.org/2886/france-halal gesichtet am 08.12.2012.
218 http://www.euro-islam.info/country-profiles/france/ gesichtet am 04.03.14.

Genauso wie in Deutschland gingen Regierung und Arbeitgeber von einem vorübergehenden Aufenthalt der unverheirateten jungen Männer aus. Erst nach der Rezession in den siebziger Jahren des vorigen Jahrhunderts änderte sich diese Situation, anstatt in ihre Heimatländer zurückzugehen, holten diese Männer ihre Familien im Wege der Familienzusammenführung nach. Schon relativ früh war der Wunsch nach der Möglichkeit gemeinsamer Treffen der Muslime im Aufnahmeland aufgekommen und ebenso wie in Deutschland boten sich hierfür Hinterhofmoscheen an. Nachdem die französische Regierung anfänglich die Muslime und deren Wünsche ignoriert hatte, war sie nun gezwungen, auf die Unruhen in den Randbezirken der Großstädte wie Paris, Marseille oder Lyon zu reagieren und deren Wünsche zur Kenntnis zu nehmen. Aber auch hier, ebenso wie in Großbritannien und Deutschland, fand sich kein Dialogpartner, der legitimiert wäre, für alle Muslime zu sprechen. Auf Anregung der französischen Regierung fanden 2003 Wahlen zum *Conseil Français du Culte Musulman (CFCM)* statt. Sukzessive können nun den diversen islamischen Organisationen Rechte, ähnlich denen der etablierten Religionsgemeinschaften, zugestanden werden. Hierbei handelt es sich im Wesentlichen um Erleichterungen beim Erwerb von Grundstücken für den Bau von Moscheen, Steuerbefreiungen für Schenkungen oder Erbschaften und Ähnliches. Keine Zugeständnisse werden hingegen in rechtlicher Hinsicht gemacht. So werden Scheidungen nach islamischem Recht für ungültig erklärt und nicht anerkannt, polygame Ehen, die nach 1993 geschlossen wurden, sollen geschieden werden. Wie schwierig es ist, diese Gesetze und Verordnungen in der Praxis durchzusetzen, zeigt sich zum einen an dem Verbot der Verschleierung des Gesichts, das 18 Monate nach Inkrafttreten überprüft werden soll, zum anderen, um hier ein weiteres Beispiel zu nennen, an dem Umstand, dass Polygamie zwar verboten ist, im strafrechtlichen Sinn aber keinen Tatbestand darstellt, der den Entzug der Staatsbürgerschaft rechtfertigen würde.

5.3 Das Beispiel Deutschland

Art 4 GG

(1) Die Freiheit des Glaubens, des Gewissens und die Freiheit des religiösen und weltanschaulichen Bekenntnisses sind unverletzlich.

(2) Die ungestörte Religionsausübung wird gewährleistet.

5.3.1 Historische und gesetzliche Rahmenbedingungen

Am 23. Mai 1949 wurde für die Bundesrepublik Deutschland das Grundgesetz in Kraft gesetzt. Zu diesem Zeitpunkt waren 96,4 Prozent der Bevölkerung Angehörige einer der christlichen Kirchen. Verlässliche Angaben hierzu gibt es ab 1950, seinerzeit bekannten sich 50,6 Prozent der Bevölkerung zur evangelischen Kirche, 45,8 Prozent zur katholischen Kirche und lediglich 3,6 Prozent gingen als „Sonstige“ in die Statistik ein.[219] Das bedeutet für die Formulierung des Artikels 4 GG, dass die Religionsfreiheit im Abs. 1 garantiert wird, für die Religionsausübung in Abs. 2 aber lediglich von einer Ausübung christlicher Praktiken wie Gottesdienstbesuche, Prozessionen in katholischen Gebieten, Taufen, Eheschließungen bis hin zur Beachtung christlicher Feiertage ausgegangen wurde[220]. Für das Jahr 2011 nennt die angegebene Quelle völlig andere Daten. Jetzt sind lediglich nur noch je 29 Prozent der Bevölkerung Angehörige entweder der katholischen Kirche oder der evangelischen Kirche. Den größten Anteil bilden jetzt die „Konfessionslosen“ mit immerhin 37,6 Prozent.[221] Diese Bevölkerungsgruppen bringen ihre jeweils eigenen Vorstellungen von „Religionsausübung“ mit. Vorstellungen, die sich in Teilbereichen nicht oder nur schwer mit der territorialen Gesetzgebung in Einklang bringen lassen.

Mit dem Ende des 2. Weltkriegs waren die Wohngebiete in Deutschland mancherorts zu vier Fünftel zerstört. Die Industrieanlagen hingegen waren, dies belegen Luftaufnahmen der US Air Force, im Jahr 1944 nur zu

---

219 Quelle: Forschungsgruppe Weltanschauungen in Deutschland (www.fowid.de), gesichtet am 05.01.2013, für die Anzeige musste zum Zeitpunkt der Recherche die Jahreszahl '1950' in das Suchfeld eingegeben werden.

220 Der Antisemitismus war zu diesem Zeitpunkt in Deutschland noch sehr virulent, vgl. Herzig, 2007, S. 263ff.[Die Dominaz der Großkirchen, speziell der katholischen Kirche, war nicht nur für den Art. 4 GG prägend, vgl. Großbölting,2013, S. 50 ff.

221 Für das Jahr 1970 wird der Anteil der Muslime in Deutschland mit 1,3 Prozent und 2011 mit 2,3 Prozent angegeben. In einer, von der deutschen Islamkonferenz (DIK), herausgegebenen Studie wird für das Jahr 2009 von einem Anteil zwischen 4,6 und 5,2 Prozent ausgegangen. Auf die Schwierigkeit, genaue Zahlen für die Muslime zu ermitteln, weist FOWID auch hin, da alle Bürger aus muslimisch geprägten Staaten als Muslime gezählt werden. Gerade aus den Kriegsgebieten des Nahen Osten kommen aber in jüngster Zeit immer mehr Christen.

6,5 Prozent zerstört.[222] Diese qualitativ hochwertigen Anlagen waren zwar zum großen Teil auch nach dem Ende des Krieges noch vorhanden, konnten aber erst später wieder aktiviert werden, weil die Probleme zunächst bei der Versorgung der Bevölkerung lagen. In den Jahren zwischen 1959 und 1962 kehrte sich das Verhältnis von Arbeitslosenzahlen zu Arbeitsplätzen um. Zwischen 1959 und 1965 nahm die Zahl der ausländischen Erwerbstätigen um eine Million zu.[223]

> „Anfang der 60er Jahre trafen hierbei mehrere Entwicklungen und Ereignisse aufeinander und verstärkten sich gegenseitig:
>
> - Da das Wirtschaftswachstum anhielt, mit dem Bau der „Mauer" 1961 der Zustrom von Flüchtlingen aus der DDR aber ausblieb, füllten die Gastarbeiter seitdem die dadurch entstandenen Lücken.
> - Die Zahl der deutschen Erwerbstätigen aber begann seit 1962 zu sinken, denn zum einen traten in dieser Zeit die geburtenschwachen Kriegsjahrgänge ins Erwerbsleben, zweitens führte die verbesserte Altersversorgung zu einer Absenkung des durchschnittlichen Eintrittsalters in den Ruhestand, drittens verlängerte sich seit den sechziger Jahren die Ausbildungszeit, viertens sank die durchschnittliche Arbeitszeit von 44,4 (1960) auf 41,4 Wochenstunden (1967). Auch diese Lücken wurden durch die Ausländer ausgeglichen."[224]

Zwischen Oktober 1961 und Oktober 1968 wurden mit der Türkei, Portugal und Jugoslawien - zusätzlich zu den schon mit Italien, Griechenland und Spanien vereinbarten - Anwerbeverträge abgeschlossen. Die soziale Lage der „Gastarbeiter" war in der ersten Hälfte der 60er Jahre hauptsächlich dadurch gekennzeichnet, dass die Arbeitgeber und Behörden von einem kürzeren oder längeren Aufenthalt, auf jeden Fall aber vorübergehend ausgingen. Der überwiegende Teil dieser Arbeitnehmer war Angehöriger der Altersgruppe zwischen 20 und 45 Jahren, männlich und alleinstehend. Auf die Lebensumstände dieser Männer kann an dieser Stelle nicht gesondert eingegangen werden.

Eine erste Rezession in den Jahren 1966/67 wurde sehr schnell überwunden. Ein Wendepunkt in der Ausländerpolitik war im Jahr 1973 erreicht. Der damalige Bundeskanzler Brandt betonte in seiner Regierungserklärung, dass sehr sorgsam überlegt werden müsse, wann die Aufnahmefähigkeit

222 vgl. Herbert, 2001, S. 192.
223 ebd. S. 206.
224 Herbert, 2001, S. 208.

unserer Gesellschaft erreicht sei. Am 23. November 1973 wurde mit dem „Anwerbestopp" der weitere Zustrom von Gastarbeitern aus nicht EG-Ländern gestoppt. Tatsächlich sank die Zahl der ausländischen Erwerbstätigen, wie von der Bundesanstalt für Arbeit vorhergesagt, zwischen 1973 und 1979 von 2,6 Millionen auf 1,8 Millionen.[225] Diese Zahlen sagen allerdings nichts über die tatsächlich in der Bundesrepublik wohnenden Ausländer aus. Die Zahlen der in Deutschland wohnenden Ausländer blieben zunächst stabil und stiegen ab 1979 deutlich an. Somit war das Kalkül des Anwerbestopps nicht aufgegangen, denn die Zahl der Ausländer war nicht zurückgegangen, sondern im Gegenteil stark angestiegen. Das hatte damit zu tun, dass bei den hier lebenden Gastarbeitern die Befürchtung aufkam, dass sie wegen des Anwerbestopps nach einem Verlassen der Bundesrepublik nicht wieder zurückkehren dürften. Im weiteren Verlauf führte das dazu, dass in verstärktem Maße ganze Familien im Zuge der Familienzusammenführung nachgeholt wurden. In den städtischen Bezirken mit dem billigsten Wohnraum kam es zu einer regelrechten Ghettoisierung. So entwickelten sich Sozialsysteme der Ausländer, nicht mit dem Ziel einer Integration in die deutsche Gesellschaft, sondern primär in die Gesellschaft der Einwanderer in Deutschland.[226]

Im Auftrag der „Deutschen Islam Konferenz" (DIK)[227] wurde durch das Bundesamt für Migration und Flüchtlinge die Studie „Muslimisches Leben

---

225 vgl. Herbert, 2001, S. 231.

226 vgl. Herbert, 2001, S. 236.

227 Nachdem Politik und Wirtschaft erkannt hatten, dass viele ehemalige Gastarbeiter nicht mehr in ihre Herkunftsländer zurückkehren würden, sondern auf Dauer in Deutschland bleiben wollten, mussten Integrationskonzepte gefunden werden. Der Prozess der Integration, nicht zu verwechseln mit Assimilation, erwies sich bei Muslimen wesentlich schwieriger als bei Angehörigen anderer Religionen, selbst dann, wenn diejenigen aus denselben Herkunftsländern stammten. Am 27. September 2006 wurde zu einem ersten Plenum der DIK einberufen. Den 15 Vertreten des Bundes und der Länder, sie stellten eine homogene Gruppe, saßen 15 Vertreter der verschiedenen Dachverbände, sowie einige nicht gebundene Teilnehmer gegenüber. Keiner der muslimischen Dachverbände konnte für sich in Anspruch nehmen die Mehrheit der in Deutschland lebenden Muslime zu vertreten. Bemerkenswert ist dennoch, dass mit der DIK erstmals ein institutionalisiertes Forum für einen Dialog geschaffen wurde.

in Deutschland“ erstellt. Diese Studie gibt die in Deutschland lebenden Muslime mit höheren Zahlen an, als bisher angenommen.

„Die Studie des Bundesamtes ergibt, dass zwischen 3,8 und 4,3 Millionen Muslime in Deutschland wohnen. Berücksichtigt man, dass in Deutschland insgesamt rund 82 Millionen Menschen leben, beträgt der Anteil der Muslime an der Gesamtbevölkerung zwischen 4,6 und 5,2 Prozent. Rund 45 Prozent der in Deutschland lebenden Muslime mit Migrationshintergrund aus den berücksichtigten Herkunftsländern sind deutsche Staatsangehörige, rund 55 Prozent verfügen über eine ausländische Nationalität. Die Bevölkerungsgruppe der Muslime ist somit größer als nach bisherigen Schätzungen angenommen, die sich zwischen 3,1 und 3,4 Millionen bewegten. Diese Schätzungen basierten auf einer indirekten Methode, nach der nur die in Deutschland lebenden Staatsangehörigen aus 20 muslimisch geprägten Herkunftsländern und die Einbürgerungen von Staatsangehörigen aus diesen Ländern von 1988 bis 2005 addiert wurden. Die Studie des Bundesamtes berücksichtigt dagegen auch die Zuwanderer aus einer Vielzahl von weiteren Ländern und die Nachkommen von Eingebürgerten.“[228]

Personen mit Migrationshintergrund nach Religion und Herkunftsregion (in Prozent)

Darstellung 5.1: Religionszugehörigkeit

	Südost-europa	Türkei	Iran	Süd/Süd-ostasien	Naher Osten	Nordafrika	Sonstiges Afrika	Gesamt
Muslim	37,2	81,4	48,7	57,2	59,3	74,6	22,1	52
Christ	34,1	2,7	10,3	8,8	17,4	3,4	59,2	22,1
Jude	0,1	0	0,7	0	1,1	0	0	0,8
Andere	0,6	1,2	1,9	13,9	2,8	0	1,4	1,9
Keine	27,9	14,7	38,4	20	19,5	22	17,1	23,3
Gesamt in %	100	100	100	100	100	100	100	100
Gesamt (n)	2.226	2.401	753	2.551	3.064	1.786	1.347	16.992

Quelle: MLD 2008, Datensatz aller Haushaltsmitglieder, gewichtet. Ungewichtete Fallzahlen: 16.992

Innerhalb dieser Ghettos bildeten sich Kommunikationszentren. Die Muslime gründen hierzu die sogenannten Moscheevereine.[229] Diese Moscheevereine bildeten mit der Zeit Dachverbände. Zu den bekanntesten gehören

---

228 vgl. Dr. habil. Haug/Müssig M.A./Dr. Stichs, 2009, S. 11.

229 Das arabische Wort *masǧid* wird mit „Ort der Niederwerfung“ übersetzt. Eine Moschee wird nicht wie eine Kirche oder ein Tempel geweiht, beziehungsweise wieder profaniert. Sie ist kein sakraler Ort im üblichen Sinn. Innerhalb einer Moschee können, außer einem Gebetsraum, auch noch verschiedene Läden oder Teestuben betrieben werden und so dient sie als Kommunikationszentrum.

die DITIB (Türkisch-Islamische Union der Anstalt für Religion e.V. türk. *Diyanet Işleri Türk Islam Birliği*), der VIKZ (Verband der islamischen Kulturzentren), der ZMD (Zentralrat der Muslime) und die (AABF) Alevitische Gemeinde. Die bereits erwähnte Studie ermittelte einen Bekanntheitsgrad selbst für die DITIB von lediglich 44 Prozent bei den Bürgern türkischer Abstammung.[230] Das wiederum lässt Rückschlüsse auf den quantitativen Grad der Vertretung durch die Dachorganisationen zu.

> „Die in der DIK vertretenen muslimischen Verbände repräsentieren nicht die Mehrheit der Muslime in Deutschland. Den höchsten Vertretungsgrad unter den Verbänden, die an der Deutschen Islam Konferenz teilnehmen, erzielt die DITIB, von der sich 16 Prozent aller Muslime in Deutschland vertreten fühlen. Berücksichtigt man nur Muslime mit türkischem Migrationshintergrund sind es 23 Prozent. Auch die Alevitische Gemeinde erreicht einen vergleichsweise hohen Vertretungsgrad, sofern man die eigentliche Zielgruppe berücksichtigt. 19 Prozent der Aleviten bejahen, dass sie sich von der Alevitischen Gemeinde vertreten fühlen. Lediglich 2 Prozent der insgesamt befragten Muslime fühlen sich vom KRM[231] in religiösen Fragen vertreten."[232]

Auch wenn es schwierig war, die Anliegen der muslimischen Seite zu erfahren, dies nicht zuletzt wegen deren Uneinigkeit untereinander, so zeichneten sich doch im wesentlichen zwei Kernpunkte der Forderungen ab:

1. Anerkennung als Körperschaft des öffentlichen Rechts[233] und
2. islamischer Religionsunterricht an den staatlichen Schulen

---

230 vgl. Dr. habil. Haug/Müssig M.A./Dr. Stichs, 2009, S. 17.

231 Koordinationsrat der Muslime in Deutschland.

232 vgl. Dr. habil. Haug/Müssig M.A./Dr. Stichs, 2009, S. 17f.

233 Das Bundesministerium des Inneren beschreibt den Status für Religionsgemeinschaften wie folgt:
Obwohl das Grundgesetz den Begriff „Körperschaft des öffentlichen Rechts" verwendet, ist dieser nicht gleichzusetzen mit dem Körperschaftsbegriff im sonstigen Rechtsgebrauch. Die Religionsund Weltanschauungsgemeinschaften, die Körperschaft sind, werden nicht in den Staat eingegliedert; sie haben einen öffentlichrechtlichen Status eigener Art. Zu den besonderen Rechten, die den Gemeinschaften verliehen werden, zählen beispielsweise die Dienstherrenfähigkeit, die Befugnis, eigenes (Binnen-)Recht zu setzen (z.B. Regelungen zur innerkirchlichen Organisation und zum Mitgliedschaftsverhältnis) und kirchliche öffentliche Sachen durch Widmung zu schaffen.

Für die Anerkennung als Körperschaft des öffentlichen Rechts müssen bestimmte Mindestvoraussetzungen erfüllt sein. Das Grundgesetz nimmt hier Bezug auf die Weimarer Reichsverfassung (WRV). Hier wurde festgelegt, dass diejenigen Religionsgemeinschaften, die schon den Status einer Körperschaft des öffentlichen Rechts innehatten, diesen Status auch behielten.[234] Somit wurde der Rechtsstatus der christlichen Kirchen in Deutschland gewahrt. Anderen Religionsgemeinschaften sind auf ihren Antrag hin die gleichen Rechte zu gewähren, wenn sie durch ihre Verfassung im Sinne von „Verfasstheit" - und die Zahl ihrer Mitglieder die Gewähr der Dauer bieten.[235] Als Grundlage für die Einschätzung einer auf Dauer bestehenden Religionsgemeinschaft gelten der derzeitige Mitgliederbestand und ihre Verfassung im Übrigen, so dass zusätzlich zur Mitgliederzahl auch der Gesamtzustand der Gemeinschaft zu berücksichtigen ist.[236] Das Bundesverfassungsgericht verlangt zusätzlich zu den *geschriebenen* Voraussetzungen die „Rechtstreue" der Religionsgemeinschaft. Das bedeutet, dass die Religionsgemeinschaft die ihr übertragene Hoheitsgewalt[237] in Einklang mit den verfassungsrechtlichen und sonstigen Bindungen ausübt und die Gewähr dafür bietet, dass ihr zukünftiges Verhalten die in Art. 79 Abs 3 GG[238] beschriebenen fundamentalen Verfassungsprinzipien, sowie

---

234 Gemäß Art. 140 GG in Verbindung mit Art. 137 Abs. 5 Satz 1 WRV.

235 Gemäß Art. 140 GG in Verbindung mit Art. 137 Abs. 5 Satz 2 WRV.

236 BVerfGE 102,370,384.

237 Definiert im Art. 137 WRV. Soweit hier von Interesse, lautet er:
(4) Religionsgesellschaften erwerben die Rechtsfähigkeit nach den allgemeinen Vorschriften des bürgerlichen Rechtes.
(5) Die Religionsgesellschaften bleiben Körperschaften des öffentlichen Rechtes, soweit sie solche bisher waren.
(6) Die Religionsgesellschaften, welche Körperschaften des öffentlichen Rechtes sind, sind berechtigt, auf Grund der bürgerlichen Steuerlisten nach Maßgabe der landesrechtlichen Bestimmungen Steuern zu erheben.
(7) Den Religionsgesellschaften werden die Vereinigungen gleichgestellt, die sich die gemeinschaftliche Pflege einer Weltanschauung zur Aufgabe machen.
(8) Soweit die Durchführung dieser Bestimmungen eine weitere Regelung erfordert, liegt diese der Landesgesetzgebung ob.

238 Art 79 (3) Eine Änderung dieses Grundgesetzes, durch welche die Gliederung des Bundes in Länder, die grundsätzliche Mitwirkung der Länder bei der Gesetzgebung oder die in den Artikeln 1 und 20 niedergelegten Grundsätze berührt werden, ist unzulässig.

dem staatlichen Schutz anvertrauten Grundrechte Dritter und die Grundprinzipien des freiheitlichen Religionsund Staatskirchenrechts des Grundgesetzes nicht gefährdet. Für die Verleihung des Körperschaftsstatus sind die Länder zuständig.[239] Für die Vergabe gelten im Wesentlichen folgende Leitlinien:

- Annahme einer Religionsgemeinschaft im Sinne eines Zusammenschlusses von Personen mit gemeinsamen religiösen Auffassungen von Sinn und Bewältigung des menschlichen Lebens, die den vorhandenen Konsens in umfassender Weise bezeugt (eine Religionsgemeinschaft, die die Verleihung der Körperschaftsrechte anstrebt, soll Eigentümlichkeiten und spezielle Gegensätze in wichtigen Dingen zu anderen Religionsgemeinschaften aufweisen, die zu einer eigenen Organisation führt, und dies darlegen),
- Vorliegen einer Organisationsordnung (Satzung, Verfassung), die mindestens der Satzung eines eingetragenen Vereins entspricht,
- Größe der Mitgliederzahl, die auf eine gewisse Bedeutung im öffentlichen Leben schließen lässt (Richtzahl: 1-2/1000 der Bevölkerung des Landes),
- gewisse Dauer des Bestehens (i.d.R. 30 Jahre),
- ausreichende Finanzausstattung auch außerhalb einer Finanzierung durch öffentliche Mittel, d.h. die Gemeinschaft muss über hinreichende eigene Mittel verfügen, um ihre Aufgaben erfüllen und ihre Organisation unterhalten zu können.[240]

5.3.1.1 Zwischenergebnis

Deutschland hat keine vergleichbar extensiv koloniale Vergangenheit wie England und Frankreich. Für die nach dem 2. Weltkrieg in das Land geholten Arbeitskräfte, sogenannte Gastarbeiter, bestand also nach einhelliger Auffassung weder eine rechtliche noch eine moralische Verpflichtung auf

239 Vgl. Art. 30 GG, „Die Ausübung der staatlichen Befugnisse und die Erfüllung der staatlichen Aufgaben ist Sache der Länder, soweit dieses Grundgesetz keine andere Regelung trifft oder zuläßt."

240 vgl. hierzu die Veröffentlichungen des „Bundesministerium des Innern" (BMI).

dauerhafte Aufenthaltserlaubnis. Erst durch den Zuzug weiterer Familienmitglieder wurden aus den „Gastarbeitern" Bürger der Bundesrepublik Deutschland. Das Spektrum des Bildungsstands und der Akzeptanz westlicher Werte und Normen war gerade unter den eingewanderten Muslimen allerdings sehr breit. So ist der weitaus größte Teil von ihnen durchaus integriert und nahezu unauffällig. Der Bericht der Deutschen Islamkonferenz weist darauf hin, dass lediglich 20 Prozent aller ausländischen Muslime Mitglied in einer der vier großen islamischen Organisationen sind.[241] Die häufigst formulierten Forderungen sind auf die Anerkennung als „Körperschaft des öffentlichen Rechts" und nach Einführung des islamischen Religionsunterrichts gerichtet, sowie neuerdings auf Anerkennung muslimischer Feiertage. Sowohl von diesen Organisationen als auch von Einzelpersonen werden weitere Erwartungen an die Mehrheitsgesellschaft formuliert, die zunächst auf Ablehnung stoßen. Besonders deutlich wird dies zum Beispiel an den Speisegeboten und der religiös begründeten Notwendigkeit, ausschließlich Fleisch von geschächteten Tieren zu verzehren. Der Konflikt mit der Mehrheitsgesellschaft und den gesetzlichen Vorgaben entsteht durch die Forderung nach der Erlaubnis zum betäubungslosen Schächten. Da den Muslimen auch der Verzehr von Schweinefleisch als religiös verboten gilt, wird in zunehmendem Maße in öffentlichen Einrichtungen wie den Justizvollzugsanstalten, bei der Bundeswehr, in Krankenhäusern und Kindergärten bei der Gestaltung der Speisepläne darauf eingegangen. Das deutsche Grundgesetz unterscheidet im Artikel 4 GG zwischen der Religionsfreiheit und der Religionsausübung. Es ist aber zu beobachten, dass diese Unterschiede kontinuierlich in Richtung einer eher subjektiven Interpretation von Religions*ausübungs*freiheit verschmelzen. Dies mit der Folge, dass die Grenzen der Toleranz für große Teile der Bevölkerung allmählich erreicht werden.

5.4 Das Beispiel Spanien

Artikel 16 der spanischen Verfassung

Die Freiheit des weltanschaulichen Bekenntnisses, der Religion und des Kults wird dem Einzelnen und den Gemeinschaften gewährleistet; sie wird in ihrer

241 vgl. Dr. habil. Haug/Müssig M.A./Dr. Stichs, 2009, S. 167.

Darstellung nach außen lediglich durch die vom Gesetz geschützte Notwendigkeit der Wahrung der öffentlichen Ordnung beschränkt.

Niemand darf gezwungen werden, sich zu seiner Weltanschauung, seiner Religion oder seinem Glauben zu äußeren.

Es gibt keine Staatsreligion. Die öffentliche Gewalt berücksichtigt die religiösen Anschauungen der spanischen Gesellschaft und unterhält die entsprechenden kooperativen Beziehungen zur Katholischen Kirche und den sonstigen Konfessionen.[242]

5.4.1 Historische und gesetzliche Rahmenbedingungen

Kein anderes Mitglied der Europäischen Union kann auf eine so lange und dabei so intensive Geschichte der Berührung mit dem Islam zurückblicken wie Spanien. Noch nicht einmal einhundert Jahre nach dem Tod des Propheten des Islams, Muḥammad ibn Abd Allah[243] im Jahre 710 u.Z., setzte eine erste Erkundungsexpedition von Nordafrika auf die Iberische Halbinsel über. Nur ein Jahr später folgten zwei muslimische Heere über die Straße von Gibraltar und leiteten die Eroberung mit der Schlacht am Guadalete ein.[244] Im weiteren Verlauf dieser Eroberungen wurde das Reich der Westgoten zerschlagen. Christen und Juden genossen den Status der „Schutzbefohlenen" (arab. *ḏimmī pl. ḏimmūn*), so wie es der Koran für die „Leute des Buches" (arab. *ahl al-kitāb*) vorschreibt. Nach dem Sturz des Ummayyaden-Kalifats durch die Abbasiden (750 u.Z.) gelang nur einem Prinzen (*'abd al-Raḥmān*) die Flucht. Dieser Prinz gründete, nachdem er über Nordafrika nach Spanien gelangte, im Jahr 756 u.Z. das Emirat von Córdoba. Nach einer sehr wechselvollen Geschichte, auf die hier ebenfalls nicht im Einzelnen eingegangen wird, wurde die islamische Herrschaft 1492 u.Z. durch die *Reconquista* beendet.

Nicht unerwähnt bleiben darf die Phase der *Inquisition*.[245] Schon vor dem Abschluss der Reconquista wurde die spanische Inquisition im Jahr 1478 gegründet. Betroffen davon waren insbesondere die sogenannten

---

242 THE SPANISH CONSTITUTION Passed by the Cortes Generales in Plenary Meetings of the Congress of Deputies and the Senate held on October 31, 1978.

243 Die islamische Tradition benennt den 08. Juni 632 u.Z. als Todestag.

244 vgl. Pierre Guichard in: Schmidt, 2004, S. 78ff.

245 vgl. Christian Windler in: Schmidt, 2004, S. 105ff.

Conversos, zum Christentum konvertierte Juden, denen unterstellt wurde, dass sie weiterhin jüdische Praktiken verfolgten. Dies wurde dann als Häresie ausgelegt. Unter Philipp III. (1578-1621)wurden zwischen 1609 und 1611 die letzten Moriscen[246] aus Spanien vertrieben. Damit endete die islamische Präsenz für lange Zeit. Erst in den 1960er Jahren, als Spanien sich ökonomisch zu einem vom Tourismus geprägten Land entwickelte, kamen hauptsächlich marokkanische Arbeitskräfte in das Land, um dort im Dienstleistungssektor zu arbeiten. In den Jahren von 2003 bis 2007 verdoppelte sich die Zahl der Muslime von ca. 525.000 auf über 1.1 Millionen.[247] Aktuelle Zahlen gehen für Ende 2012 sogar von mehr als 1.6 Millionen Muslime aus.[248] Die weitaus größte Gruppe wird von den Muslimen marokkanischer Herkunft gebildet. Im Jahr 1967 wurde ein Gesetz erlassen, welches den Muslimen erstmals gestattete, sich offiziell zu organisieren. Ein Jahr später konstituierte sich die erste muslimische Vereinigung auf regionaler Ebene in Melilla[249]. Auf nationaler Ebene wurde 1971 die *Asociación Musulmana en España* (AME) mit Sitz in Madrid gegründet. Am 07. Dezember 1978 wurde die neue Spanische Verfassung ratifiziert. Offiziell erklärt sich der spanische Staat damit zu einem säkularen Staat, der die Neutralität gegenüber allen Religionen wahrt. Des weiteren wird erklärt, dass es in Spanien keine Staatsreligion gibt. Dennoch findet sich im eingangs zitierten Art. 16.3 die deutliche Erwähnung des Katholizismus als vorherrschende christliche Konfession in Spanien. Dieser Verfassung folgte am 07. Juli 1980 das Gesetz zur Religionsfreiheit. Die katholische Kirche wird hierin nicht mehr explizit erwähnt.

> Art 1.1 Der Staat garantiert das fundamentale Recht der Religionsund Kultfreiheit, das in der Verfassung im Einklang mit dem in diesem Gesetz Verfügte anerkannt wurde.
>
> Art 1.2 Die religiösen Überzeugungen stellen keinen Grund für Ungleichheit oder Diskriminierung vor dem Gesetz dar. Keine religiösen Gründe dürfen angegeben

---

246 Zum Katholizismus übergetretene Muslime; ca. 275 000. Dass dies enorme ökonomische Auswirkungen hatte, kann hier nur am Rande erwähnt werden.

247 http://www.publico.es/199018/once-cementerios-para-mas-de-un-millon-\de-musulmanes/version-imprimible Gesichtet am 22.03.2014.

248 http://www.ucidvalencia.org/estademograf12.pdfext Gesichtet am 24.03.2013.

249 Melilla ist eine spanische Exklave an der nordafrikanischen Küste.

werden, um jemanden an der Ausübung irgendeiner Tätigkeit oder Arbeit oder der Bekleidung von öffentlichen Ämtern oder Aufgaben zu hindern.

Art 1.3 Keine Konfession besitzt staatlichen Charakter.

Der Art. 2.1b garantiert die Möglichkeit zur Ausübung von Gottesdiensten, das Abhalten religiöser Feierlichkeiten, die rituellen Eheschließungen, eine respektvolle Beisetzung ohne Diskriminierung aus religiösen Gründen und schließlich ohne Verpflichtung, diese Rituale gegen die eigene Überzeugung zu praktizieren.[250] Danach konstituierten sich die „Union der Islamgemeinden Spaniens“ (spanisch: *Unión de Comunidades Islámicas de España*, Abk. UCIDE) und der „Spanische Bund der religiösen islamischen Körperschaften“ (spanisch: *Federación Española de Entidades Religiosas Islámicas* Abk. FEERI). Diese beiden bildeten zusammen die islamische Kommission Spaniens (spanisch: *Comisión Islámica de España* Abk. CIE) Mit dieser Kommission wurde am 10. November 1992 eine „Vereinbarung zwischen dem spanischen Staat und der Kommission“ geschlossen (spanisch: *Acuerdo de Cooperación del Estado español con la Comisión Islámica de España*).

Nach den Bombenanschlägen vom 11. März 2004 in Madrid wurde sehr schnell deutlich, dass lediglich eine Registrierung beim Justizministerium nicht ausreicht, um festzustellen, wie viele Moscheen und islamische Vereine tatsächlich in Spanien existieren. Die Überzeugung, dass diese Anschläge durch nicht registrierte und somit unbekannte Imame organisiert wurden, zwang die Regierung zu einer neuen Politik gegenüber den islamischen Verbänden. Durch diese neue Politik wurden die Benachteiligungen gegenüber der katholischen Kirche behoben, dies galt dann auch für die anderen Religionsgemeinschaften. Das wiederum führte zu einem beträchtlichen Anstieg der Registrierung islamischer Gemeinden. Im Jahr 2004 waren 245 Moscheen registriert, vier Jahre später waren es bereits 641. Das bedeutet nicht, dass in diesen vier Jahren derart viele Moscheen neu gegründet worden wären. Vielmehr ist es so, dass sich viele Moscheen aufgrund der neuen Politik registrieren ließen.[251] Über die FEERI[252], die

250 https://www.boe.es/buscar/doc.php?id=BOE-A-1980-15955.
251 http://www.euro-islam.info/2010/03/08/islam-in-spain/. Gesichtet am 22.03.2014.
252 Federacion Española de Entidades Religiosas Islamicas.

kleinere der beiden Organisationen in der CIE[253], versuchte die marokkanische Regierung Einfluss auf die Arbeit und die Vereinbarungen mit der spanischen Regierung zu gewinnen. Nach mehrmonatigen Verhandlungen beschlossen im April 2011 800 von 878 muslimischen Vereinigungen, die beim Justizministerium registriert waren, das Consejo Islámico Español zu gründen.[254]

5.4.1.1 Zwischenergebnis

Während der nahezu 350 Jahre dauernden und beinahe vollständigen Abwesenheit einer muslimischen Bevölkerung in Spanien gewann die römisch-katholische Kirche eine überragend dominante Stellung mit Einfluss auf die Politik und die Gesellschaft. Diese Dominanz ist auch heute noch in der Symbolik der Öffentlichkeit präsent. Staatsbegräbnisse werden grundsätzlich von der katholischen Kirche durchgeführt, in den öffentlichen Einrichtungen wie zum Beispiel den Krankenhäusern, den Justizvollzugsanstalten und beim Militär sind katholische Geistliche gegenüber denen anderer Konfessionen überrepräsentiert. Noch während der Regierung Francisco Francos[255] wurden erste Gesetze zum liberaleren Umgang mit den im Land lebenden Muslimen erlassen. In den 1960er Jahren hatte sich Spanien zu einem Land entwickelt, dessen Wirtschaft vom einsetzenden Tourismus lebte und damit viele Arbeitskräfte aus dem Ausland, speziell aus Marokko, anlockte. Hervorzuheben ist aber dennoch, dass gerade Spanien sehr früh erkannte, dass bindende Vereinbarungen mit den muslimischen Verbänden geschlossen werden mussten. Auch wenn die Regierung strikt darauf bestand, nur mit einem Verband verhandeln zu wollen, so sollte es in den anderen europäischen Ländern noch Jahre dauern, bis überhaupt an Verhandlungen gedacht wurde. Bis zu den bereits oben erwähnten Bombenanschlägen im Jahr 2004 blieb die Stellung der katholischen Kirche bei aller Kritik immer noch unangefochten.

253 Comisión Islámica de España.

254 http://www.boe.es/boe/dias/2011/10/22/pdfs/BOE-A-2011-16594.pdf. Gesichtet am 22.03.2014.

255 04.12.1892 - 20.11.1975.

5.5 Das Beispiel Niederlande

Art. 6.(1) Jeder hat das Recht, seine Religion oder Weltanschauung einzeln oder in Gemeinschaft mit anderen frei zu bekennen, unbeschadet der Verantwortung jedes einzelnen vor dem Gesetz.

(2) Hinsichtlich der Ausübung dieses Rechts außerhalb von Gebäuden und geschlossenen Räumen können zum Schutz der Gesundheit, im Interesse des Verkehrs und zur Beseitigung oder Abwehr von Störungen gesetzliche Vorschriften erlassen werden.[256]

5.5.1 Historische und gesetzliche Rahmenbedingungen

Nach der Ermordung des Journalisten Pim Fortuyn am 6. Mai 2002 und des Filmemachers Theo van Gogh sowie den Morddrohungen gegenüber der Politikerin Ayaan Hirsi Ali am 2. November 2004, begann in der Bevölkerung der sonst so liberalen Niederlande ein Umdenken. Durch ein Essay mit dem Titel „Das multikulturelle Drama" (*Het multiculturele drama*) hatte der Publizist, Soziologe und Sozialdemokrat Paul Scheffer schon im Jahr 2000 auf die sich ändernden gesellschaftlichen Randbedingungen hingewiesen. Im Folgenden soll hier, wie in den Beispielen zuvor, untersucht werden, wie weit Elemente der Sharia Einzug in die Niederlande gefunden haben und wie weit die Akzeptanz der Bevölkerung gegangen ist.

Die Geschichte der Niederlande soll an dieser Stelle nicht im Detail nachgezeichnet werden. Von Bedeutung im Kontext mit dieser Arbeit ist jedoch die Zeit nach der Reformation, die auch in den spanischen Provinzen, die erst später zu den Niederlanden wurden, große Umwälzungen hervorrief. Alle Provinzen der späteren Niederlande waren damals unter spanischer Herrschaft und die Bevölkerung entsprechend katholisch geprägt. Die zum Protestantismus konvertierten Teile der Bevölkerung waren der restriktiven Verfolgung durch die streng katholischen Herrscher ausgesetzt. Dennoch verbreitete sich die calvinistisch geprägte Ausformung des Protestantismus in den Provinzen. Am 23. Januar 1579 schlossen sich die sieben Provinzen Holland, Zeeland, Groningen, Utrecht, Friesland,

256 Verfassung des Königreiches der Niederlande vom 24. August 1815 in der Fassung der Neubekanntmachung vom 17. Februar 1983. http://www.verfassungen.eu/nl/. Gesichtet am 22.03.2014.

Gelderland und Overijssel zur Republik der Sieben Vereinigten Provinzen zusammen.[257] Erst am 15. Mai 1648 kam es durch den Westfälischen Frieden zu Münster und Osnabrück zur eigentlichen Geburtsstunde eines souveränen Staates der Niederlande und somit zur Unabhängigkeit von Spanien.

Während der Reformationszeit entwickelten sich unterschiedliche, protestantische Glaubensrichtungen. Die in Münster wirkenden *Anabaptisten* (Wiedertäufer) kamen aus den Niederlanden und wurden grausam verfolgt, ebenso wie die von Menno Simons gegründete Glaubensgemeinschaft der Mennoniten. Zwischen 1600 und 1625 entstand die religiöse Landkarte der Niederlande mit den katholisch geprägten Provinzen Brabant, Limburg und der Region Twente, sowie den protestantischen Provinzen Nordund Südholland, Utrecht und Teilen von Friesland. Dieser Teil der Niederlande wird auch heute noch der „protestantischeoder auch Bibelgürtel" genannt.

> „Die Niederlande veränderten sich unter französischer Besetzung im Jahre 1795. So wurde die Republik der Niederlande umgeformt in einen modernen Staat nach französischem Vorbild. Nach dem Fall von Napoleon, übernahm das Königreich der Niederlande die neue nationale Bürokratie. Dies hatte auch entscheidenden Einfluss auf die Kirchen in den Niederlanden, denn ihnen kam jetzt die Aufgabe zu, einen Staat mit Bürgern zu bilden. Es wurden groß angelegte Bildungsmaßnahmen unternommen. Das Christentum diente nun zur Volkserziehung und war eine moralische Überzeugung, die jedes Individuum erhalten konnte und offen in der Öffentlichkeit verbreitet werden sollte."[258]

Ein Jahr später, 1796, erfolgte die Trennung von Staat und Kirche, somit wurden alle religiösen Gruppen gleichgestellt. Die Grundlage des Zusammenlebens war nun die Frömmigkeit und Verantwortung aller Bürger für den Staat.

1834 kam es zur Spaltung der Protestanten in die calvinistische Richtung, die Reformierten und die Evangelisch-Reformierten. Seit diesem Zeitpunkt standen sich dann nicht mehr Protestanten und Katholiken

---

257 Dokumentiert ist dies in der sogenannten *Union von Utrecht (niederl.: Unie van Utrecht).*

258 vgl. Andrèa Vermeer (2005): Religion und Kirche in den Niederlanden, in: NiederlandeNet, Münster. {http://www.uni-muenster.de/NiederlandeNet/nl-wissen/ kultur/vertiefung/religion/index.html. Gesichtet am 22.03.2014.

gegenüber, sondern nun waren es eher die beiden Hauptströmungen des Protestantismus, die calvinistische Kirche und die reformierte Kirche mit ihren Unterströmungen.[259] Der Theologe Abraham Kuyper gründete 1886 die neocalvinistische Kirche und vollendete damit endgültig die Spaltung der protestantischen Kirche.

In den Niederlanden finden sich heute die drei nennenswert großen Glaubensgemeinschaften:

- Die Niederländisch reformierte Kirche (*Nederlandse Hervormde Kerk*), sie wurde 1578 gegründet.
- Die Evangelisch-reformierte Kirche (*Gereformeerde Kerken in Nederland*).
- Die Römisch-Katholische Kirche.

Daneben entstanden noch eine Reihe weiterer selbstständiger Kirchen, wie die Lutherische Kirche im Königreich der Niederlande (*Lutherse Kerk in het Koningrijk der Nederlanden*), die Mennonitengemeinde (*Doopsgezinde Broederschap*) und andere. Zu den strikt konservativ protestantischen Glaubensgemeinschaften calvinistischer Richtung zählt zum Beispiel die *Zwarte Kousenkerk*. Die Bezeichnung geht auf die Kleidung, hier speziell die schwarzen Strümpfe der Gemeindemitglieder zurück. Hinzu kommen dann auch noch neuere Bewegungen wie New Age Gemeinschaften, östlich orthodoxe Kirchen oder auch sogenannte *Migrantenkirchen*.[260]

Eine Folge dieser Aufspaltung war eine Umstrukturierung der niederländischen Gesellschaft. Gegen Ende des 19. Jahrhunderts entstand das sogenannte Säulensystem (*Verzuiling*).

> „Versäulung bedeutete, dass die Gesellschaft in religiös-weltanschauliche Segmente oder Säulen geteilt war. Es gab vier Säulen: eine orthodox-protestantische, eine katholische, eine sozialistische und eine ‘allgemeine’, neutrale und Liberale Säule.“[261]

Die innere Stabilität dieser Säulen wurde durch eine strikte Abschottung nach außen gesichert, lediglich auf der Ebene der Eliten bestanden

---

259 vgl. Wielenga 2004, Seite 170ff.
260 vgl. Andrèa Vermeer (2005): Religion und Kirche in den Niederlanden, in: NiederlandeNet, Münster.
261 vgl. Wielenga 2004, Seite 168.

Kontakte zwischen den unterschiedlichen Säulen. Im Übrigen war die Versäulung nicht nur auf die Gesellschaft beschränkt, sie reichte bis in die Familien hinein. Die meisten Menschen verbrachten so ihr ganzes Leben innerhalb der eigenen Säule.[262] Die Erziehung und der Unterricht, Ehe, Arbeit, soziale Kontakte, Freizeit, alles fand in der eigenen Säule statt.[263] Bei der Einigung der Niederlande, ab Ende des 18. Jahrhunderts u.Z., erfüllten diese Säulen eine wichtige Funktion. Innerhalb der Säulen gab es soziale Kontrollen, die durch Gleichschaltung im Denken und Verhalten gekennzeichnet waren.[264] Dennoch fanden sich, wie gezeigt, speziell innerhalb der orthodox-protestantischen Säule, sehr viele Untergruppierungen.

> „Die große Verschiedenartigkeit innerhalb der orthodox-protestantischen Säule spiegelt, mit ihrer Vielfalt an Unter- und Kleinsäulen sowie mehr oder weniger verschlossenen protestantischen Organisationen, die prinzipielle Gebundenheit an ein religiöskirchliches Fundament und die starke kirchliche Uneinigkeit im niederländischen Calvinismus wieder.[265]

Diese Versäulung hatte in den Jahren von 1920 bis 1970 ihre stärkste Ausprägung. Eine beginnende Auflösung des Systems war allerdings schon seit 1950 feststellbar.[266] Mit ein Auslöser für die Auflösung dürfte ein Hirtenbrief der katholischen Bischöfe der Niederlande gewesen sein, der am 25. Mai 1954 dort in allen katholischen Kirchen verlesen wurde.

> „[…] wobei es den Katholiken bei Strafe der Verweigerung der Heiligen Sakramente und des kirchlichen Begräbnisses verboten wurde, Mitglied in einer sozialdemokratischen Vereinigung oder Gewerkschaft zu werden, regelmäßig Sendungen des sozialdemokratischen Radiosenders VARA zu hören und regelmäßig sozialdemokratisch ausgerichtete Zeitungen zu lesen."[267]

Die Bischöfe hatten festgestellt, dass die KVP (*Katholieke Volkspartij*) aus den Wahlen von 1952 nicht mehr als stärkste Partei hervorgegangen war, sondern von der sozialdemokratischen PvdA (*Partij van de Arbeid*) auf den zweiten Platz verdrängt wurde.

---

262 Soeverein in eigen kring, „souverän im eigenen Milieu".
263 vgl. ebd. Seite 169.
264 ebd.
265 ebd. Seite 169.
266 ebd. Seite 175.
267 vgl. Prof. Dr. Friso Wielenga (2007): Religion und Kirche in den Niederlanden, in: NiederlandeNet, Münster.

„Zieht man abschließend eine Bilanz des Hirtenbriefs und dessen Folgeerscheinungen, so ergibt sich ein widersprüchliches Bild. Auf der einen Seite wird deutlich, wie sehr das versäulte System in den Niederlanden der 50er Jahre noch verankert war: Die bischöfliche Intervention selbst, die darauf folgende Stärkung der KVP, aber auch die Fortsetzung der pragmatischen Zusammenarbeit von KVP und PvdA in der Regierung – die Verhältnisse im Kabinett blieben kollegial – bildeten einen deutlichen Beweis der noch intakten Versäulung. Auf der anderen Seite trotzten die *'durchgebrochenen'* Katholiken in der PvdA dem bischöflichen Schreiben und die Wahlgewinne der PvdA 1956 waren die Antwort der Wähler auf eine als anachronistisch empfundene Botschaft, was gerade darauf hinweist, dass die säulengebundene Disziplin nicht mehr selbstverständlich und deren Ende eingeläutet war.“[268]

Mit der fortschreitenden Säkularisierung hatte das System viel an Relevanz verloren. Berufliche und politische Zugehörigkeiten hatten von da an Vorrang. Zu Beginn des 21. Jahrhunderts erklärten 41 Prozent der Niederländer nicht mehr kirchlich gebunden zu sein. Unabhängige Studien gehen allerdings von bis zu 63 Prozent kirchlich nicht gebundener Bürger aus. Unter den restlichen 37 Prozent[269] gehen aber auch nicht alle häufig oder regelmäßig zur Kirche.

Ein sehr hoher Anteil der niederländischen Bevölkerung besteht aus Immigranten oder deren Nachkommen. Es lassen sich im Wesentlichen drei Gruppen unterscheiden:

1. Die niederländisch sprechenden Einwanderer aus den ehemaligen Kolonien mit niederländischem Pass, hauptsächlich aus Surinam und den Antillen.
2. Zwischen 1960 und 1980 in das Land geholte sogenannte „Gastarbeiter“ aus der Türkei und Marokko, teilweise mit ihren Familien.
3. Flüchtlinge aus verschiedenen Ländern, wie Irak, Somalia, Iran und Vietnam.

Eine erste Erwähnung von Muslimen geht auf das Jahr 1879 zurück. Eine Volkszählung aus dem Jahr 1889 weist lediglich 49 „Mohammedaner“ aus. Diese kamen aus dem heutigen Indonesien und lebten in Den Haag. Bis zum 2. Weltkrieg lebten nie mehr als ein paar hundert Muslime in

268 ebd.

269 Hier wird von 20 Prozent Katholiken und 17 Prozent Protestanten ausgegangen.

den Niederlanden. Erst in den 50er Jahren des vorigen Jahrhunderts stieg die Zahl der Muslime durch massive Immigration aus Indonesien deutlich an. Neben vielen westeuropäischen Staaten verzeichneten die Niederlande nach dem 2. Weltkrieg einen deutlichen wirtschaftlichen Aufschwung. Im Zuge dieses Aufschwungs wurden nach den 1960er Jahren vermehrt türkische und marokkanische Gastarbeiter angeworben. So wie in Deutschland und in Frankreich gingen auch hier sowohl die Gastarbeiter selbst als auch die niederländische Regierung von einer Rückkehr in deren Heimatländer und somit von einem zeitlich begrenzten Aufenthalt aus. In den 1970er und 1980er Jahren holten viele dieser Gastarbeiter jedoch ihre Familien nach. Damit trat der Wunsch nach einer Rückkehr in die Heimatländer in den Hintergrund, die Familien richteten sich auf einen dauerhaften Verbleib in den Niederlanden ein. Parallel dazu wuchs der Wunsch nach angemessenen Gebetsstätten, die Anzahl der Moscheen erhöhte sich sehr schnell. Eine zweite Einwanderungswelle kam hinzu, als Indonesien am 17. August 1945 seine Unabhängigkeit erklärte.[270] Zu Beginn des Jahres 2011 lebten ca. 950.000 Muslime in den Niederlanden,[271] davon ungefähr 70 Prozent mit türkischem oder marokkanischem Hintergrund. Die verbleibenden 30 Prozent stammen aus anderen Ländern wie Surinam, Afghanistan, Irak, Iran usw. Bei einer Gesamtbevölkerung von ca. 16.5 Millionen[272] Einwohnern entspricht dies einem Anteil von rund 5,8 Prozent.

Der Artikel 6 der niederländische Verfassung garantiert die Religionsfreiheit.

> „Freedom of religion is the oldest fundamental right in the Netherlands, laid down in the Union of Utrecht. Freedom of religion is enshrined in the Universal Declaration of Human Rights and in article 6 of the Dutch Constitution, which states: 'Everyone has the right to freely practise their religion or faith, individually or with others. This is only limited to one's accountability before the law. Outside buildings and non-common spaces, the law can limit this right in the interest of public health and traffic regulation or to prevent disturbances to the peace.'“[273]

---

270 Eine detaillierte Beschreibung dieser Einwanderungswellen findet sich bei Wielenga 2004, Seite 308 ff.

271 vgl. FORUM 2012, Seite 5, die Zahlen basieren auf Ergebnissen des *Central Bureau voor de Statistiek (CBS)*.{http://www.cbs.nl.

272 http://de.statista.com/statistik/daten/studie/19309/umfrage/ gesamtbevoelkerung-in-den-niederlanden/.

273 Forum 2010, Seite 40.

Eine eindeutige Differenzierung zwischen dem Individualrecht der *Religionsfreiheit* und der *Religionsausübung*, wie zum Beispiel im Art. 4 des deutschen Grundgesetzes, ist hier nicht auszumachen.

5.5.1.1 Zwischenergebnis

Das „Königreich der Niederlande" ging erst 1579 aus der Abspaltung von sieben Provinzen von den seinerzeit von Spanien beherrschten Regionen hervor. Die endgültige Anerkennung erlangte das Königreich aber erst mit der Unterzeichnung des Westfälischen Friedens von Münster und Osnabrück im Jahr 1648. Nach der Reformation gewann die calvinistische Richtung des Protestantismus, trotz der Repressionen durch die katholische Bevölkerungsmehrheit, immer mehr an Zulauf und Einfluss. Auf Grund der weltweiten Handelsbeziehungen und einer Lebensweise, welche stark vom puritanischen Calvinismus geprägt war, wurden die Niederlande zu einem wirtschaftlichen Machtfaktor in Europa. Zum Ende des 19. Jahrhunderts bildete sich - in der stark religiös geprägten Gesellschaft - das so genannte Vier-Säulen Modell. Diese Säulen bewirkten ein Leben der einzelnen Mitglieder innerhalb der jeweiligen Säule und parallel dazu eine völlige Abschottung nach außen. In den Jahren von 1920-1970 war diese Versäulung besonders ausgeprägt. Infolge der dann einsetzenden Säkularisierung begann eine völlige Auflösung dieser Säulen und somit eine Öffnung hin zu einer multikulturellen Gesellschaft. Ebenso wie Frankreich und Deutschland erfuhren auch die Niederlande nach dem Ende des 2. Weltkriegs einen enormen wirtschaftlichen Aufschwung und raschen Wiederaufbau der durch den Krieg zerstörten Gebiete. Um dies leisten zu können, mussten Arbeiter aus anderen Ländern angeworben werden. Lag die Anzahl der muslimischen Einwohner bis dahin in einem sehr marginalen Bereich, stieg sie bedingt durch den Familienzuzug sehr schnell an. Sowohl die niederländische Regierung und die Arbeitgeber als auch die ins Land geholten Arbeiter selbst, waren zunächst davon ausgegangen, dass dieser Aufenthalt zeitlich begrenzt sein würde. Auf Grund der liberalen Gesetzgebung und der auf eine multikulturell geprägte Gesellschaft ausgerichteten Politik wurde den Muslimen in nahezu jeder Hinsicht größtmögliche Religionsausübungsfreiheit gewährt. In den Fokus des öffentlichen Interesses geriet der Islam in den Niederlanden durch die Ermordung von zwei sehr populären Niederländern. In jüngster Zeit erregte die Debatte um das sogenannte Schächten, eine Schlachtmethode, die sowohl nach islamischem als auch nach jüdischem Ritus erfolgt, wiederum große Aufmerksamkeit, als ein vom Unterhaus eingebrachtes Gesetz gegen das betäubungslose Schächten vom Oberhaus abgewiesen wurde. Vor allem deshalb, weil im Unterhaus 119 der 150 Abgeordneten für die Verabschiedung des Gesetzes gestimmt hatten, während im Oberhaus lediglich 75 Abgeordnete vertreten sind. Innerhalb weniger Jahrzehnte wurden in den Niederlanden zwei tiefgreifende Wandlungen vollzogen. War gegen Ende der 1970er-Jahre eine völlige Abkehr von der Versäulung zu verzeichnen, so ist jetzt eine Abkehr von der Idee einer multikulturellen Gesellschaft festzustellen. In den Jahren 2003-04 befasste sich eine Kommission (*Commissie Blok*) mit der Fragestellung nach den Fortschritten mit der Integration.

Im Juni 2011 präsentierte der niederländische Integrationsminister Piet Hein Donner (CDA) auf der Basis des Koalitionsvertrags seiner konservativliberalen Minderheitsregierung einen neuen Kurs in der Integrationspolitik. Dazu führte er in einem Interview mit der Süddeutschen Zeitung vom 21. Juni 2011 aus: „Wir sehen Integration nicht mehr nur als Chance, sondern auch als Verpflichtung. Die Idee eines multikulturellen Zusammenlebens ist gescheitert." Insbesondere stellte er heraus, dass Integration unmittelbar mit Sprachkompetenz zu tun hat, dass die Kinder in der Schule nicht mehr hauptsächlich die Kulturgeschichte ihrer Herkunftsländer lernen, sondern die niederländische Sprache. Zu den obligatorischen Einbürgerungskursen, welche in den Niederlanden schon seit 2006 gefordert sind, müssen sich die Zuwanderer künftig selbstständig anmelden und diese Kurse auch selbst bezahlen. Sollte der abschließende Test nicht ohne hinreichende Gründe nicht bestanden werden, so solle die Aufenthaltsgenehmigung entzogen werden.

Diese und weitere restriktive Maßnahmen lassen die Frage aufkommen, wann sich die Grenze der Toleranz auch auf einzelne Felder der Religionsausübung der Religionsgemeinschaften auswirken wird, im Januar 2012 wurde von der Regierung ein Burka-Verbot, ebenso wie zuvor in Frankreich und Belgien, erlassen.

Kapitel 6 Zusammenfassung

> Ihr seid die trefflichste Gemeinschaft, die jemals für die Menschen geschaffen wurde. Ihr gebietet das Rechte, verbietet das Schlechte und glaubt an Gott!
>
> *(Sure 3,110)*

Eine Definition dessen, was die kulturellen Werte Europas sind, findet sich in der Allgemeinen Erklärung der Menschenrechte der Vereinten Nationen (AEMR). Diese Erklärung ist wesentlich beeinflusst von der europäischen Geistesgeschichte einerseits sowie initiiert durch die Ereignisse während der ersten Hälfte des 20. Jahrhunderts andererseits. Es sind die Werte der unveräußerlichen Rechte auf Selbstbestimmung, auf körperliche Unversehrtheit und Meinungsfreiheit, auf Freiheit und Gleichheit, all dies sind Individualrechte. Der Islam ist nicht nur in Deutschland angekommen, sondern auch in den anderen Ländern der Europäischen Union. Mit diesen zugewanderten Immigranten sind auch verschiedene Formen des Islam gekommen.

Es gibt nicht den Islam, es gibt unterschiedliche Auslegungen in Abhängigkeit von der jeweiligen Rechtsschule. Unterschiede machen sich auch bemerkbar in der Herkunft der Immigranten. Der Islam versichert seine Anpassungsfähigkeit an andere Kulturen und Traditionen. Somit wird vieles als religiös begründet reklamiert, was bei näherem Hinsehen aber einer ethnischen Tradition zugeschrieben werden muss. Der marokkanische Islam hat andere Traditionen aufgenommen, als der türkische, pakistanische oder indonesische. Eine andere Frage ist es, ob der Islam in Europa jetzt auch dazugehört?

Das schon des öfteren erwähnte „Böckenförde Diktum“ geht davon aus, dass es einer homogenen Gesellschaft bedarf, um in größtmöglicher Freiheit leben zu können. Auf der Ebene des Individuums soll und muss Heterogenität gelebt werden, es muss ein geistiger, anregender Meinungs- und Ideenaustausch stattfinden. Auf der gesellschaftlichen Ebene aber muss Einigkeit in der Zielsetzung für ein künftiges, friedliches Zusammenleben herrschen. Erst wenn zugewanderte Minderheiten und die Mehrheitsgesellschaft das anerkennen, kann von einer Zugehörigkeit gesprochen werden. In den Jahrzehnten nach dem 2. Weltkrieg immigrierten Menschen aus allen Erdteilen im beträchtlichen Umfang nach Europa. Zu Konflikten kam es dabei ausschließlich mit Teilen der muslimischen Immigranten. Im Bewusstsein der im Koran garantierten eigenen Superiorität forderten die islamischen Verbände immer weiterreichende Zugeständnisse von der Aufnahmegesellschaft, um nach den eigenen religiösen Regeln leben zu können. Waren dies anfänglich Forderungen nach Akzeptanz von Formen der Religionsausübung, die unter Berufung auf die Religionsfreiheit gestellt und immer weiter zugestanden wurden, so kommen zum Beispiel in Deutschland jetzt auch darüber hinausgehende Forderungen hinzu, die immer massiver vorgetragen werden. Erwähnt seien hier die Forderungen nach der doppelten Staatsbürgerschaft oder nach einer Quotenregelung zur Einstellung in den öffentlichen Dienst[274], wie sie von der „DITIB" und der „Türkischen Gemeinde in Deutschland" erhoben werden. Am Beispiel von fünf ausgewählten Ländern der Europäischen Union konnte gezeigt werden, dass sich Konflikte nicht nur auf den Bau von repräsentativen Moscheen und kopftuchtragenden Lehrerinnen beschränken, sondern auch auf „Nebenschauplätzen" stattfinden. Wie in dieser Arbeit gezeigt wurde, sind es aber gerade diese Themen, welche die Lücken offenbaren, in die die islamischen Verbände mit der Möglichkeit einer überdehnten Interpretation des Begriffs der Religionsfreiheit vorstoßen und damit Räume einnehmen, die weder mit der europäischen Vorstellung von Recht noch mit, durchaus sehr wirkmächtigen, europäischen Traditionen vereinbar sind. Die Freiheit eine Religion zu haben, sie zu wechseln oder keiner Religion anzugehören, ist in der Allgemeinen Erklärung der Menschenrechte als ein Individualrecht verankert und in den Ländern der Europäischen Union garantiert. Hier zeigen sich für Muslime Probleme, die mit europäischen Werten schwer oder gar nicht vereinbar sind. Jegliche Kritik an Formen der islamischen Religionsausübung aus den Mehrheitsbevölkerungen der Länder der Europäischen Union wird vorschnell als Islamophobie abgetan, den Kritikern werden Rassismus oder Fremdenfeindlichkeit unterstellt. In zunehmendem Maße werden aber auch Gegenreaktionen wahrgenommen. Diese kommen im übrigen nicht nur aus der einheimischen, im Regelfall christlichen, Bevölkerung, sondern immer deutlicher

274 http://www.faz.net/aktuell/politik/inland/vor-dem-integrationsgipfel-//tuerkische-gemeinde-will-migranten-foerdergesetz-12197278.html Gesichtet am 06.04.2014.

auch aus dem muslimischen Umfeld.[275] In Deutschland sind das die sogenannten „PRO“-Bewegungen, die sich auf die völlige Ablehnung des Islam schlechthin orientiert haben. In Frankreich der Front National, Kulturen und Traditionen sind nicht statisch, sondern können sich im Laufe der Zeit ändern und an neue Gegebenheiten anpassen. Die europäischen Kulturen haben in den vergangenen Jahrhunderten seit der Reformation einen solchen Prozeß durchlaufen und sich dabei von den Vorgaben der kirchlichen Institutionen gelöst. Jetzt die gesellschaftsrelevanten Vorgaben einer kulturfremden Religion zu implementieren, käme einem Rückfall gleich.

Bestattung

Eine Bestattung nach islamischen Regeln innerhalb von 24 Stunden, ohne Sarg und ewige Ruhezeit kollidiert nicht mit europäischen Wertvorstellungen. Seit der Einführung wissenschaftlicher Methoden für das Anlegen von Friedhöfen durch Napoleon hat die Sargbestattung und die begrenzte Ruhezeit in den meisten Ländern auf dem europäischen Festland einen Traditionsstatus. Durch die stark gestiegenen Kosten für die Erdbestattung ist es aktuell beim nichtmuslimischen Teil der Bevölkerungen vermehrt üblich geworden eine Urnenbestattung vorzuziehen. Das ist für Muslime „noch“ nicht denkbar. Dadurch entstehen sogenannte Freiflächen auf den Friedhöfen, die von den Friedhofsverwaltungen gerne für islamische Bestattungen reserviert werden. Allerdings werden selbst diese Flächen zur Zeit auch nur begrenzt genutzt, zum einen wegen der schon erwähnten Kosten und zum anderen weil die Muslime der ersten Generation immer noch in den Herkunftsländern beerdigt werden möchten. Einschränkungen für eine Bestattung ohne Sarg, im Leinentuch, kann es somit nur aus Gründen des Umweltschutzes bei ungeeigneten Böden oder bei schwerwiegenden prämortalen Erkrankungen mit der Gefahr einer Kontamination des Bodens geben.

275 Zum Beispiel der 2010 gegründete „Liberal-Islamische Bund e.V.“, der „Zentralrat der Ex-Muslime“ in Deutschland, die „Quilliam Foundation“, das „Ex-Muslim Council in Britain“ in Großbritannien, sowie zahlreiche Einzelpersonen, die aber teilweise unter Pseudonym veröffentlichen.

Speisevorschriften

Der Tierschutz gehört mittlerweile zu den Bestandteilen der europäischen Werte. Selbst in Spanien, wo der Stierkampf als ein schützenswertes Kulturgut gilt, regt sich der Widerstand der Tierschutzorganisationen. In den untersuchten Ländern ist das Schlachten nach islamischem Ritus (schächten) erlaubt. Das Schächten ohne vorherige Betäubung stößt in den Niederlanden und in Deutschland auf Widerstand. Eine Gesetzesinitiative in den Niederlanden wurde nach Intervention inund ausländischer sowohl islamischer als auch jüdischer Organisationen abgewiesen. In Deutschland sollte der Tierschutz durch eine Ergänzung im Artikel 20 (GG) als Staatsziel gesichert werden, wozu es allerdings wegen des Übergangs in die 16. Wahlperiode nicht kam, danach wegen der Diskontinuität nicht wieder aufgenommen wurde. Ein Verstoß gegen europäische Wertvorstellungen kann auch hier nicht festgemacht werden, auch hier sind Traditionen der einzelnen Länder betroffen. Dass in öffentlichen Einrichtungen, wie in Kindergärten, Schulen, Kantinen der Bundeswehr und Justizvollzugsanstalten häufig auf das Angebot von Schweinefleisch verzichtet wird, wird häufiger mit dem Argument der Beschneidung der Wahlfreiheit für den nichtmuslimischen Teil der Bevölkerung kritisiert.

Feiertage

In keinem der untersuchten Länder wurden bisher islamische Feiertage als gesetzliche Feiertage eingeführt. Es gibt jedoch Vereinbarungen, die es ermöglichen, mit einem Rechtsanspruch an diesen Tagen Urlaub nehmen zu können oder die Zeit nach zu arbeiten. Außer den Nationalfeiertagen werden in den untersuchten Ländern generell nur christliche Feiertage gesetzlich anerkannt.

Zivilrecht

Die Benachteiligung von Frauen im islamischen Ehe-, Scheidungsund Erbrecht stellt eine deutliche Verletzung nicht nur europäischer Wertvorstellungen, sondern auch der Allgemeinen Erklärung der Menschenrechte dar. Zum Abschluss dieser Arbeit im April 2014 wurde vor allem für Großbritannien eine Verletzung dieser Menschenrechte deutlich. Seit langem schon existierten sogenannte Sharia-Courts, die Veröffentlichungen lassen auf mindestens 85 solcher „Schiedsgerichte“ schließen. Durch den

„Arbitration Act 2009“ wurden diese Schiedsgerichte legalisiert. Aktuell sind weitere Bestrebungen im Gange um diesen Teil des Sharia-Rechts in das britische Rechtssystem zu implementieren.

Die Gründungsstaaten der Europäischen Union haben sich nach dem 2. Weltkrieg zu religiös und ethnisch pluralen Gesellschaften entwickelt. Zugewanderte Hindus, Buddhisten, Taoisten, Sikhs und Muslime aus nahezu allen Erdteilen leben als Minderheiten in den Aufnahmegesellschaften. Das gemeinsame Band, mit dem ein friedliches Zusammenleben aller Bewohner zu gewährleisten ist, kann nur in einem Kompromiss zwischen der Aufnahmegesellschaft und der immigrierten Bevölkerung bestimmt werden. Diese Pluralität lässt sich weder in ein normatives Korsett zwängen noch dürfen Traditionen und vorhandene Wertvorstellungen von Ideologien ignoriert werden, da ansonsten der soziale Frieden in den Gesellschaften gefährdet wird. Es wäre falsch, in einem nicht mehr als christlich deklarierten Staat, die Wirkmächtigkeit von Traditionen zu leugnen.

Abschließend lässt sich feststellen, dass von den untersuchten Themenbereichen nur das Zivilrecht gegen europäische Wertvorstellungen im Sinne von „Freiheit“ und „Gleichheit“, aber auch gegen europäisches Recht verstößt. Die anderen Bereiche kollidieren mit kulturell bedingten Traditionen der einheimischen Bevölkerungen. Der Islam stößt in kleinen aber kontinuierlichen Schritten in die Lücken vor, die durch eine überdehnte Interpretation des Begriffs der Religionsfreiheit geöffnet werden. Das führt dazu, dass mit dem Menschenrecht der Religionsfreiheit, welches in seiner Definition von der europäischen Geistesgeschichte geprägt ist, andere Menschenrechte und Traditionen untergraben werden. Das Forum Internum muss wieder zum Kern der Religionsfreiheit werden. Der Versuch, durch analytisches Denken abstrakte Normen zu konstruieren, muss angesichts der religiös und ethnisch pluralen Gesellschaften scheitern und führt zu konfliktträchtigen Polarisierungen. So wie jede Religion kann auch der Islam auf einen tolerablen Kern zurückgeführt werden.

Im Fall des Islam kann die Definition aber nicht seinen Verbänden überlassen werden, denn dann würde der gesamte Lebensbereich als religiös definiert und dafür Akzeptanz verlangt, und das bei jeweils eigener, vielfältiger Interpretation durch die einzelnen islamischen Verbände.

Der Zentralrat der Muslime verpflichtet sich im Punkt 10 der schon erwähnten Charta von 2002 zu folgendem:

> Muslime dürfen sich in jedem beliebigen Land aufhalten, solange sie ihren religiösen Hauptpflichten nachkommen können. Das islamische Recht verpflichtet Muslime in der Diaspora, sich grundsätzlich an die lokale Rechtsordnung zu halten.

Eine *grundsätzliche* Verpflichtung bedeutet nicht eine *unbedingte* Verpflichtung. Damit bleibt den islamischen Verbänden die Möglichkeit offen, zu gegebener Zeit, bei entsprechender demografischer Entwicklung, nur noch islamische Regeln zu respektieren. Die Hauptpflichten werden im Punkt 7 dieser Charta mit den fünf Säulen des Islam benannt. Dies zu akzeptieren wäre in jeder westlichen Gesellschaft möglich, da hier keine Kollisionen mit den autochthonen Traditionen und Gesellschaftsordnungen entstehen. Das eurozentrische Denken führt zu einer Fokussierung des Menschenrechtsgedankens auf die europäische Vorstellung davon und verabsolutiert diese. Diese Definition der Menschenrechte ist das Ergebnis eines langen und leidvollen Prozesses in der europäischen Geschichte, angefangen mit der Reformation in der das Denken reflexiv wurde und keine Tabus mehr akzeptierte, weiter mit der Phase der Aufklärung, auch wenn in einzelnen Ländern darunter unterschiedliche Vorstellungen herrschen, bis hin zur französischen Revolution, die das Individuum an sich befreite. Dabei wird außer acht gelassen, dass andere Kulturen eher von Menschenpflichten gegenüber der Allgemeinheit ausgehen und Individualrechte dahinter zurückstehen. Des Weiteren führt dieser Eurozentrismus zu einer Ideologisierung der Politik, was wiederum zu dem Paradoxon führt, dass einerseits das Menschenrecht auf Religionsfreiheit zu den schützenswertesten Gütern gezählt wird, andererseits aber mit dem Anspruch auf diese Freiheit Verletzungen anderer Menschenrechte wie die Gleichheit der Geschlechter oder die bewusste Körperverletzung von minderjährigen Jungen durch die Beschneidung akzeptiert und durch Anpassung entsprechender Gesetze legalisiert werden. Speziell im Familienrecht treten diese Konflikte deutlich zu Tage. Die Traditionen der autochthonen Mehrheitsgesellschaften stehen diesen Formen der Religionsausübung deutlich entgegen.

Ob Europa auf ein Eurabia zusteuert, wird davon abhängen, ob sich das kontinuierlich reflexiv - philosophische Denken der Aufklärung gegen das nicht hinterfragbare Offenbarungswissen behauptet und ob eine überdehnte Interpretation der Religionsfreiheit hin zur Religionsausübungsfreiheit den sozialen Frieden in den Ländern der Europäischen Union gefährdet.

Literaturverzeichnis

Anselm, Florian: Der englische Arbitration Act 1996: Dargestellt und erläutert anhand eines Vergleichs mit dem SchiedsVfG 1997. Dissertation, Universität Konstanz Fachbereich Rechtswissenschaft, 2004

Baradie, Adel El: Gottes-Recht und Menschen-Recht - Grundlagenprobleme der islamischen Strafrechtslehre. Nomos Verlagsgesellschaft, Baden-Baden, 1983

Berger, Lutz: Islamische Theologie. Facultas Verlags- und Buchhandels AG, Wien, 2010

Böckenförde, Ernst-Wolfgang: Recht, Staat, Freiheit - Studien zur Rechtsphilosophie, Staatstheorie und Verfassungsgeschichte. Suhrkamp Verlag, Frankfurt am Main, 1991

Dreier, Horst/Hilgendorf, Eric (Hrsg.): Kulturelle Identität als Grund und Grenze des Rechts. Franz SteinerVerlag, Stuttgart, 2008

Ende, Werner/Steinbach, Udo (Hrsg.): Der Islam in der Gegenwart. Verlag C.H. Beck, München, 2005

Forst, Rainer: Toleranz im Konflikt - Geschichte, Gehalt und Gegenwart eines umstrittenen Begriffs. Suhrkamp Verlag, Frankfurt, 2003

Forst(Hg.), Rainer: Toleranz Philosophische Grundlagen und gesellschaftliche Praxis einer umstrittenen Tugend. Campus Verlag Frankfurt/ New York, 2000

Großbölting, Thomas: Der verlorene Himmel - Glaube in Deutschland seit 1945. Vandenhoeck & Ruprecht, Göttingen, 2013

Halm, Heinz: Die Schiiten. Verlag C.H. Beck, München, 2005

Haug, Sonja Dr. habil./Müssig M.A., Stephanie/Dr. Stichs, Anja: Muslimisches Leben in Deutschland. Bundesamt für Migration und Flüchtlinge, 2009

Heimbach-Steins, Marianne: Religionsfreiheit Ein Menschenrecht unter Druck. Ferdinand Schöningh Paderborn München Wien Zürich, 2012

Heine, Peter: Einführung in die Islamwissenschaft. Akademie Verlag GmbH, Berlin, 2009

Herbert, Ulrich: Geschichte der Ausländerpolitik in Deutschland. Verlag C.H. Beck, München, 2001

Herzig, Arno: Jüdische Geschichte in Deutschland - Von den Anfängen bis zur Gegenwart. Verlag C.H. Beck, München, 2007

Hock, Klaus: Einführung in die Religionswissenschaft. WBG Darmstadt, 2006

Kern, Udo: Das Verständnis des Gesetzes bei Juden, Christen und im Islam. Lit Verlag, Münster Hamburg London, 2000

Khoury, Adel Theodor: Der Koran - Erschlossen und kommentiert von Adel Theodor Khoury. Patmos Verlag, Düsseldorf, 2005

Khoury, Adel Theodor: Der Ḥadīth - Urkunde der islamischen Tradition - Band III. Gütersloher Verlagshaus, Gütersloh, 2009

Kimmel, Adolf/Uterwedde, Henrik (Hrsg.): Länderbericht Frankreich - 2. Auflage. Bundeszentrale für Politische Bildung, Bonn, 2005

Korchide, Mouhanad: Islam ist Barmherzigkeit Grundzüge einer modernen Religion. Verlag Herder, Freiburg im Breisgau, 2012

Krosigk, Constanze von: Der Islam in Frankreich. Verlag Dr. Kovac, Hamburg, 2000

Krämer, Gudrun: Demokratie im islam - Der Kampf für Toleranz und Freiheit in der arabischen Welt. Verlag C.H. Beck, München, 2011

Luxenberg, Christoph: Die Syro-Aramäische Lesart des Koran - Ein Beitrag zur Entschlüsselung der Koransprache. Das Arabische Buch, 2000

Motzki, Harald (Hrsg.): Ḥadīth Origins and Developments. Ashgate Publishing Limited, Aldershot, Great Britain, 2004

Paret, Rudi: Der Koran - Kommentar und Konkordanz -. W. Kohlhammer GmbH, 2001

Rohe, Mathias: Das islamische Recht - Geschichte und Gegenwart. C.H. Beck, München, 2009

Schmidt, Peer (Hrsg.): Kleine Geschichte Spaniens. Philipp Reclam jun. GmbH & Co. KG, Stuttgart, 2004

Schoeler, Gregor: Charakter und Authentie der muslimischen Überlieferung über das Leben Mohammeds. Walter de Gruyter, Berlin New York, 1996

Schwiering, Thomas: Was ist Gesellschaft? Einführung in soziologische Grundbegriffe. Bundeszentrale für Politische Bildung, Bonn, 2011

Spuler-Stegemann, Ursula: Muslime in Deutschland - Informationen und Klärungen. Verlag Herder, Freiburg im Breisgau, 2002

Wehr, Hans: Arabisches Wörterbuch für die Schriftsprache der Gegenwart, Arabisch - Deutsch, 5. Auflage. Otto Harrassowitz, Wiesbaden, 1985

Wielenga, Frisco/Taute, Ilona (Hrsg.): Länderbericht Niederlande. Bundeszentrale für Politische Bildung, Bonn, 2004

Ye'or, Bat: Europa und das kommende Kalifat. Dunker & Humblot Berlin, 2013

Anhang

Ver 15/06/2011

The Islamic Sharia Council مجلس الشريعة الإسلامية

CB________________ **DATE** ______________

APPLICATION TO FILE FOR AN ISLAMIC DIVORCE (DISSOLUTION/KHULA/TALAQ)

(Please read carefully and complete **all** sections of the form in capital letter, otherwise we shall return the form)

Wife Details	Husband Details
1. Name: ______	1. Name: ______
2. Address: ______	2. Address: ______
______ Post Code: ______	______ Post Code: ______
Tel (Home): ______ Mob ______	Tel (Home): ______ Mob ______
E-Mail: ______	E-Mail: ______
3. Date & Place of Birth: ______	3. Date & Place of Birth: ______
4. Nationality & Status: ______	4. Nationality & Status: ______

5. Date & Place of Islamic marriage: ______

6. Date & Place of Civil Registration in the UK: ______

7. Amount of Dower (Mahr) Agreed: ______

a) How much has been paid: ______

b) How much has deferred: ______

8. Have you received any Jewellery/ Land/ Money from your husband; please provide details: ______

9. Main reason for asking Divorce: ______

10. Have you been married before? Yes ☐ No ☐

If yes, please provide proof of your previous Divorce Certificate ______

11. Details of children from ***this*** marriage

Name	Age	Name	Age

12. Date Since complete separation from husband ______ Please read section D for information.

13. Have you applied for Civil Divorce? Yes / No. If yes, date of decree absolute, if applicable: ______

If No then please read section A and if applicable consult your solicitor.

14. Did your husband defend the divorce petition in court? Yes / No. If No, Send copy of D10 form ______

Note: Marriages which take place abroad and, are recognised by the relevant law of the land, are recognised by the English law as a legal marriage.

DECLARATION

I have read Sections A, B, C, D before submitting the form. I testify in the name of Allah (SWT) that the information which has been given is true.

Signed: ______ Dated: ______

34 Francis Road, Leyton, London, E10 6PW
0208558 0581 / 0208925 0673
mycase@islamic-sharia.org www.islamic-sharia.org
Opening times: Monday to Thursday 10am to 6pm

Please see reverse

CHECK LIST

You must answer all the questions in the application form otherwise it may cause a delay in your case being processed.
To help us process this application quickly, we would like you to provide as much information to support your Khula application by way of evidence.

Please enclose a COPY of the following & post / submit it to:

The Islamic Sharia council
34 Francis Road, Leyton, London, E10 6PW

	Yes	No
1) Photo ID (your passport or driving license)	☐	☐
2) Your Nikah Nama and Civil Marriage Certificate	☐	☐
3) Your Decree Nisi or Decree Absolute (if applicable)	☐	☐
4) Letters from solicitors or court (if applicable)	☐	☐

Please Do Not Send Original

The total fee for this service is £400 pounds, Please enclose payment with your application (cheque/postal order are made payable to 'The Islamic Sharia Council', for debit/credit card payment please see below) please read Section C for further details

CB ______________________________ Date ____________

Amount paid ____________ Cheque/ postal order / Credit/ Debit Card. *

Cheque Number ______________ Date of Cheque ______________

*If you are paying by card, please provide below your contact details to enable the accounts department to Collect details: If you do not receive a call from the accounts department within five days, please give us a call

Name of card holder ____________________ Contact Number ________________ Convenient time ______________

PLEASE KEEP THIS SHEET FOR YOUR INFORMATION

SECTION A: Important information for British citizens regarding civil divorce:

1) You have to apply for civil divorce:
i) If your marriage took place in any country abroad (like Pakistan, Bangladesh) in accordance to the law of that country. **It does not matter you have sponsored your spouse or not.** For details please see Foreign Marriage Act 1892.
ii) If your marriage took place in the UK and registered in a civil registry.

2) Civil divorce is not required if your marriage took place in the UK but was never registered in a civil registry.

SECTION B: Islamic Sharia Council (ISC) procedure for Khula / Marriage Dissolution (When Wife is the Petitioner)

1. All new and prospective applicants must attach the main reasons for seeking a Khula / Marriage
Dissolution, on a separate sheet, with their application form.

2. Your application will be registered with the relevant details. It is imperative that you provide a contact address for the husband.

3. The Council will issue the first letter to the husband, informing him that his wife has approached the ISC for Khula / Marriage Dissolution. The applicant will receive a copy with a reference number for future correspondences. If the husband fails to reply within the allocated period, the ISC will issue a second letter which will be followed by a third letter if no reply was received within the allocated time. The allocated period for husbands residing in the UK is one month otherwise two months for those residing abroad.
(If the wife has obtained the Civil Divorce, evidence has to be provided that the husband did not defend it. In this case, the issuance of one letter may be enough provided that the address is verified).

4. If the husband failed to respond to the third letter, the Council will request the applicant to verify the respondent's address. However, if the husband responded at any point, a joint meeting between both parties and the ISC representative is an integral part of the proceedings to carry out fair and just meditation. Failure to attend this meeting by the applicant may delay the case or result in its closure.

5. The above procedure is subject to the nature of the contact details of the husband.

6. Once the Council has received verification of the husband's address, it will issue an interview request letter to the wife and the husband (provided he is legally able to do so) to see one of the ISC representative in their area (if applicable). The representative will produce a report accordingly.

7. If the husband does not attend the interview in given time, the Council will issue a final notice and copy of 1st, 2nd, 3rd letters will be sent to him via recorded delivery.

SECTION B CONTINUED

8. A request is sent to the wife asking her confirmation to take the file to the next panel meeting, which is on last Wednesday of every month. However, before a case is presented to the panel meeting, all the above criteria must be met.

9. Once the case goes to the panel meeting, if any conditional decision of dissolution is made by the panel then divorce certificate is issued subject to compliance of these conditions. If the wife breaches any conditions which she agreed to, the council may revoke the divorce certificate.

For Civil divorce, a solicitor must be consulted as this is an Islamic Divorce. The Sharia Council does not deal with legal matters.

SECTION C: Payment Details

In order to register with Islamic Sharia Council, please fill in the enclosed application form and return it to us with your payment.

The total fee for this service is £400 pounds OR you can pay in the following instalments

a) **£200** pounds fee with your application form covering registration fees.

b) **£200** pounds final payment, before the issuance of divorce certificate

Cheque and postal order are to be made payable to: The Islamic Sharia Council

Please Note Registration Fees are Non Refundable.

SECTION D: Definition of Separation

Separation is counted from the day when matrimonial relationships were halted completely i.e. No on and off contact took place.

Instructions for communication with ISC:

1) General enquiries: Please quote reference number when communication with Council.
2) For Change of Address: Written information is required.
3) Case closure / pause and reopen: Written Notice should be submitted.

The Islamic Sharia Council مجلس الشريعة الإسلامية

CB____________ DATE__________

APPLICATION TO FILE FOR A ISLAMIC DIVORCE (TALAQ) ver 1/11/10

(Please read carefully and complete all sections of the form in capital letter, otherwise we shall return the form)

Husband Details	Wife Details
1. Name :	1. Name :
2. Address :	2. Address :
Post Code	Post Code
Tel (Home) Mob	Tel (Home) Mob
E-Mail	E-Mail
3.Date & Place of Birth:	3.Date & Place of Birth:
4.Nationality & Status :	4.Nationality & Status :

5. Date & Place of Nikah : __________
6. Date & Place of Registration in the UK: __________
7. Amount of Dower (Mahr) Agreed: __________
   a) How much has been paid __________
   b) How much has deferred __________
8. Have you given any jewelery/ Land/ Money to your wife, please give details: __________
9. Main reason for asking Divorce: __________
10. Have you been married before? Yes ☐ No ☐
   If yes, please provide proof of your previous Divorce Certificate __________
11. Details of children from this marriage

Name	Age	Name	Age

12. Date Since separation from wife __________
13. Have you applied for Civil Divorce? Yes/ No If yes, date of decree absolute, if applicable: __________
   If no, please consult your solicitor: __________

Note: Marriages which take place abroad and, are recognised by the relevant law of the land, are recognised by the English law as a legal marriage.

DECLARATION

I testify in the name of Allah (SWT) that the information which has been given is true.

Signed: __________ Dated: __________

Please see reverse

34 Francis Road Leyton, London E10 6PW
0208558 0581 0208925 0673 mycase@islamic-sharia.org www.islamic-sharia.org Opening times:
Monday to Thursday 11am to 7pm

CB ______________________________ Date __________

Assalam-u-alaikum

Please fill in the details below carefully, as this information will appear on your divorce certificate.
Please enclose payment of £200 (cheque / postal order made payable to The Islamic Shari'a Council, for debit / credit card payment please see below) for the Divorce Procedure and post it to:

The Islamic Sharia Council
34 Francis Road
Leyton
London E10 6PW

Please note registration fees are Non Refundable.

Name (Husband) ______________________________

Date & Place of Birth ______________________________

Address ______________________________

____

Nationality ______________________________

Name (Wife) ______________________________

Date & Place of Birth ______________________________

Address ______________________________

____

Nationality ______________________________

The details you write on this form will appear on your divorce certificate.

Amount paid __________ Cheque/ postal order / Credit, Debit Card. *

Cheque Number __________ Date of Cheque __________

*If paying by card, please provide below your contact details to enable the accounts department to collect details:

Name of card holder __________ Contact Number __________ Convenient time __________

Check list for Divorce Application

You must answer all the questions in the application form otherwise it may cause a delay in your case being processed
To help us process this application quickly, we would like you to provide with as much information to support your Talaq application by way of evidence.

Please enclose copy of	Yes	No
1) ID of your passport or driving license	☐	☐
2) your Nikah Nama and Civil - Marriage Certificate,	☐	☐
3) your Decree Nisi or Decree Absolute,	☐	☐
4) Letters from solicitors or court	☐	☐

Please enclose your payment
(See attached form)

I.S.C PROCEDURE FOR TALAQ
(When husband is the petitioner)

1. All new and prospective clients must attach the main reasons for seeking a divorce with this application form.

2. This form and the reasons can then be posted/ emailed / faxed to the Council.

3. Upon receipt of the application form with the relevant details, especially a Contact address for the wife, and a copy of the I.D of client's passport, Islamic marriage certificate / Civil Marriage Certificate, Decree Nisi / Absolute, the application will be registered.

4. The Council will issue a Talaq Nama to the husband which he has to sign in front of two witnesses and return back to the Council

5. The Council will then inform the wife by sending her a letter giving her 30 days to submit her claims, if any (60 days if she is resident abroad). If no response is received, the Council will ask the husband to verify the address, and make sure that the dower amount agreed at time of marriage, has been paid in full.
If not, then the dower has to be paid before the divorce can be finalised.

6. Once the above requirements are met, the divorce certificate would be issued provided the Iddat period of the woman has come to an end and the man did not revoke the divorce which he has to confirm to the Council.

***For Civil divorce, a solicitor must be consulted as this is an Islamic Divorce, and The Shari'a Council does not deal with legal matters.**

Dear Michael

Just like in Germany there are issues in respect of death facing the Muslim Community and can vary from region to region .

I can relate what we do at our Cemetery , which is the Largest Dedicated Muslim Cemetery in the United Kingdom which grave space for 10 000 Adults . We have masterplanned our cemetery in such a way that all the graves are aligned and face Mecca . We only allow Shroud burials (without coffin) except under special circumstances where there is a medical contamination issue or the coroner has stated that the body can only be buried in a coffin .

In terms of grave re use , we are restricted from utilising graves again for a minimum period of 50 years by the government . However , under Islamic Principles , one can re use the grave as soon as the body has been decomposed fully . We have not been able to ascertain as to how long it would take a body to decompose in the United Kingdom . Very much depends on the soil condition as well . In places like Mecca and Madinah graves are reused within 2 – 3 years .

We do not permit any multiple burials in graves either. The Islamic Ruling is that this is not permitted except under exceptional circumstances eg,, a War , epidemic or an acute shortage of burial space .

The Muslim Community have worked very hard with the authorities in most boroughs they do permit burials without coffin but it will also depend on the soil conditions . If the water table is high than you have no choice but to bury in a coffin.

In most boroughs we have managed to establish very close links with the Registrar authorities and we can obtain documentation for burial throughout the year . It is possible for someone to be buried with 24hours as long as we can obtain the necessary paperwork on time.

There will be a delay if it becomes a coroner case and a post mortem needs to be undertaken . In Islam , Post Mortems are not permitted but regrettably the law of the land stipulates that it is a legal requirement to establish the cause of death . What we are trying to do is work with the coroners to accept non intrusive post mortems (to utilise MRI or CT scans) . We are making progress as the Jewish Community also have the same requirement.

Most cemeteries are run by the local authority and the Muslims have a sections there . The cemeteries will normally give a lease of between 25 – 50 years .

In terms of customs, the Turkish Community prefer to have elaborate Tombstones and flowers and the some of the Pakistani community prefer to have a concrete chamber rather than wooden planks .

Please find attached a presentation I recently made at a learning seminar for all cemetery managers.

If you require any further information than please do not hesitate to contact me.

Regards

Mohamed Omer
Board Member - External Affairs
T: 020 8502 6000
M: 077 7381 6905
F: 020 3137 6443
E: mohamed.omer@gardens-of-peace.org.uk
W: www.gardens-of-peace.org.uk

Gardens of Peace Muslim Cemetery Trust is registered with the UK Charity Commission, Registration Number 1072903
Postal address: PO Box 2241, Ilford, IG1 9UX | Cemetery address: Elmbridge Road, Ilford, IG6 3SW

This email is private and confidential. If you have received this email in error, please notify us and remove it from your system.

www.ingramcontent.com/pod-product-compliance
Ingram Content Group UK Ltd.
Pitfield, Milton Keynes, MK11 3LW, UK
UKHW021902290926
8980IPUK00015B/1009

9 783631 662823